CB079455

O Pequeno Livro da Magia dos Gatos

Deborah Blake

O Pequeno Livro da Magia dos Gatos

Mitos e Divindades – Folclore – História –
Feitiços de Proteção, Saúde e Bem-Estar

Tradução
Maíra Meyer

Editora
Pensamento
SÃO PAULO

Título do original: *The Little Book of Cat Magic*.

Copyright © 2018 Deborah Blake.

Publicado originalmente por Llewellyn Publications, Woodbury, MN 55125 – USA – www.llewellyn.com.

Copyright da edição brasileira © 2024 Editora Pensamento-Cultrix Ltda.

1ª edição 2024.

Todos os direitos reservados. Nenhuma parte deste livro pode ser reproduzida ou usada de qualquer forma ou por qualquer meio, eletrônico ou mecânico, inclusive fotocópias, gravações ou sistema de armazenamento em banco de dados, sem permissão por escrito, exceto nos casos de trechos curtos citados em resenhas críticas ou artigos de revista.

A Editora Pensamento não se responsabiliza por eventuais mudanças ocorridas nos endereços convencionais ou eletrônicos citados neste livro.

Ilustrações internas de Alice Rosen.

Editor: Adilson Silva Ramachandra
Gerente editorial: Roseli de S. Ferraz
Gerente de produção editorial: Indiara Faria Kayo
Editoração eletrônica: Cauê Veroneze Rosa
Revisão: Bárbara Parente

Dados Internacionais de Catalogação na Publicação (CIP)
(Câmara Brasileira do Livro, SP, Brasil)

Blake, Deborah

O pequeno livro da magia dos gatos : mitos e divindades : folclore : história : feitiços de proteção, saúde e bem-estar / Deborah Blake ; tradução Maíra Meyer. -- 1. ed. -- São Paulo : Editora Pensamento, 2024.

Título original: The little book of cat magic

ISBN 978-85-315-2382-3

1. Gatos 2. Magia I. Título.

24-216884 CDD-133.2599752

Índices para catálogo sistemático:

1. Gatos : Magia : Ciências ocultas 133.2599752
Cibele Maria Dias - Bibliotecária - CRB-8/9427

Direitos de tradução para o Brasil adquiridos com exclusividade pela EDITORA PENSAMENTO-CULTRIX LTDA., que se reserva a propriedade literária desta tradução.
Rua Dr. Mário Vicente, 368 – 04270-000 – São Paulo – SP – Fone: (11) 2066-9000
http://www.editorapensamento.com.br
E-mail: atendimento@editorapensamento.com.br
Foi feito o depósito legal.

Sobre a Autora

Deborah Blake é a autora premiada de *The Goddess is in the Details*, *Everyday Witchcraft* e vários outros livros publicados pela Llewellyn, juntamente com seu kit *Everyday Witch Tarot*. Publicou artigos em anuários da Llewellyn, e sua coluna permanente, "Everyday Witchcraft", aparece na *Witches & Pagans*.

Quando não está escrevendo, Deborah gerencia a Artisans' Guild, uma loja colaborativa que fundou com um amigo em 1999, e também trabalha como ourives, taróloga e agente de cura energética. Mora em uma casa de campo de 130 anos no interior do estado de Nova York com vários gatos que supervisionam todas as suas atividades, mágicas e comuns. No mundo virtual, é possível encontrá-la no Facebook, no X e em www.deborahblakeauthor.com.

A todos os meus gatos, do passado e do presente. Obrigada por compartilharem minha vida comigo – não consigo imaginá-la sem vocês. Acima de tudo, à Gata Magia (Rainha do Universo), que inspirou todos os livros de bruxaria, especialmente este aqui. Sinto sua falta (e de seu irmão Místico) com cada átomo do meu ser. Obrigada por ser minha amiga e parte da família. Sei que sua mãe Minerva está feliz em ter você de volta ao lado dela. Divirtam-se mandando em todo mundo em Summerlands.

E à mulher com mais jeito de gato que existe, minha maravilhosa editora Elysia Gallo. Como sempre, obrigada pelas sugestões valiosas e pela paciência com meus surtos ocasionais. Só um lembrete – um livro como este escrito por mim foi ideia sua. Você é a única culpada!

Sumário

Book of Spells
herbal spells

INTRODUÇÃO

O Gato Mágico

Se você for digno da atenção de um gato,
ele será seu amigo, mas nunca seu escravo.

THÉOPHILE GAUTIER

Se você já teve um gato (não vou dizer "possuiu" porque, na verdade, não se pode possuir um gato), então sabe que eles têm uma magia especial. Não que haja algum animal que não seja especial, mas gatos são ainda mais especiais que os outros. Se não acredita em mim, pergunte a um gato.

Há séculos, bruxas e gatos mantêm uma conexão íntima, e felinos foram associados à magia e questões espirituais em muitas culturas diferentes. Há um bom motivo para isso. Gatos são misteriosos; eles parecem saber de coisas das quais, aparentemente, não poderiam saber. Às vezes, são inacreditáveis com aqueles olhos brilhantes, conseguindo andar no escuro e cabendo em lugares impossíveis à primeira vista. Eles desaparecem e reaparecem a bel-prazer, e só vêm quando chamados se estão dispostos.

E a disposição de um gato pode ser tão volúvel quanto a lua. Em um minuto ele lhe dá um gelo por alguma ofensa imperdoável, e no seguinte já está aninhado no seu colo, ronronando como se alguém tivesse acionado um motor. Esse ronronar também é mágico, capaz de acalmar, apaziguar e consolar o humano sortudo que o ouve.

Filhotes de gato provavelmente são umas das coisas mais fofas da face da Terra. Seus olhos grandes e bocejos largos nos divertem enquanto eles tropeçam nas próprias patas e sobem pelas cortinas. Mas mesmo gatos adultos podem ser adoráveis e brincalhões – quando não estão cochilando, comendo ou sendo sofisticados e mágicos.

Gatos são mais que simplesmente decorativos e divertidos. Há muito tempo, coexistem com seres humanos como especialistas em controle de pragas (tente encontrar uma fazenda que não tenha pelo menos alguns para afastar ratos e ratazanas), relógios despertadores matinais e provadores de comida. Brincadeiras à parte, eles são companheiros leais e amorosos, excelentes para um aconchego e, às vezes, auxiliares.

Tenho gatos desde criança, e não consigo imaginar minha vida sem eles. Desde que comecei a praticar Bruxaria, eles assumiram um papel ainda maior, se é que isso é possível. Nem todos os gatos são auxiliares na magia (ou, como se chamava antigamente, "espíritos familiares, ou familiares mesmo), apenas um dos meus, providencialmente chamada Gata Magia, Rainha do Universo, foi um verdadeiro auxiliar), mas muitas vezes eles demonstraram interesse por meus trabalhos de magia ou a intuição especial aparentemente típica dos felinos.

Este livro é para todos os que amam e são amados por gatos, em especial aqueles que têm um "pezinho na magia". Ele proverá ferramentas para ajudar seus companheiros felinos, feitiços úteis para muitos assuntos gatocêntricos, e dicas para viver com gatos e praticar magia com eles. Ao longo da obra, haverá citações e poemas espalhados, além de conselhos sábios de minha própria Gata Magia. (Ela insistiu, e, se você já tentou discutir com um gato, sabe que isso é inútil, simples assim.)

Ela e eu esperamos que você descubra ideias divertidas, sugestões valiosas e petiscos descontraídos nestas páginas. Tente não comê-los.

Observação sobre o Uso de Componentes Felinos

Alguns dos feitiços deste livro necessitam de um pouco de pelo, unha ou bigodes do seu gato. Obviamente, eles não devem ser tirados do animal de nenhuma forma passível de feri-lo. Gatos soltam naturalmente revestimentos de unhas e bigodes, e, minha nossa, como eles soltam pelos. Você pode varrê-los e usá-los, ou escovar o animal (sem dúvida, seu gato ou gata gostam bastante disso) se quiser pelos mais limpos.

Nunca puxe o bigode do gato nem corte uma garra inteira, embora você possa usar os pedacinhos ao cortar as unhas do felino. Se você não conseguir esse material com segurança, sempre é possível substituí-lo por uma foto do seu gato.

Itens para Feitiços de Uso mais Comum Neste Livro

Muitos dos feitiços deste livro usam os mesmos itens básicos (além dos fornecidos por seu gato), portanto, se quiser estocá-los, você pode obter alguns da lista a seguir. Lembre-se de que, mesmo que esses componentes possam ser os melhores, sempre é possível fazer substituições que pareçam adequadas para você, usar uma vela branca em vez de uma colorida ou, simplesmente, fazer o feitiço sem esses objetos. Itens para feitiços servem para focar sua vontade e intenção, e é divertido usá-los, mas seu próprio coração e sua mente são as únicas ferramentas de que você realmente necessita – bem, e de um gato, é claro.

- **olho de tigre polido e em lascas, cristal de quartzo, ou uma ágata ou um jaspe pequenos (você pode encontrá-los em joalherias, na internet ou em algumas lojas de produtos esotéricos ou pagãos)**
- **erva-dos-gatos, valeriana ou alecrim (secas e frescas)**
- **sal marinho**
- **água**
- **incenso de sálvia**

- velas brancas, marrons, verdes, azul-claras e rosa
- uma foto do seu gato
- estátua ou imagem de Bastet ou de outra divindade felina
- saquinhos de tecido ou quadradinhos de pano, além de cordão, linha ou fio

Book of Spells
herbal spells

CAPÍTULO 1

Gatos ao Longo da História

Há milhares de anos, gatos eram cultuados como deuses.
Os felinos nunca se esqueceram disso.

TERRY PRATCHETT

Todos os gatos são testemunhas de que eles tiveram um papel importante na história desde que o primeiro felino ancestral escapuliu da floresta e se sentou perto de uma lareira humana, sem dúvida agindo como se sempre estivesse esperando que o alimentassem.

Desde aquela época, gatos foram associados a bruxas, magia e misticismo, e também fizeram parte de nossa vida e cultura. Há evidências de que os primeiros gatos selvagens viviam entre seres humanos há mais de cem mil anos, na Mesopotâmia. Gatos, cães e outros animais provavelmente começaram a ser domesticados ali por volta do ano 12000 a.C. Acredita-se que, no início, gatos eram usados para o controle de pragas, embora eu pense que é igualmente provável os felinos serem os domesticadores e que caçavam ratos porque queriam, apenas.

Desde então, gatos vêm desempenhando uma função importante em vários países e culturas. A seguir, alguns dos exemplos mais famosos.

Feliz é o lar que tem pelo menos um gato.

Gatos no Egito

Por muito tempo, acreditou-se que os gatos eram originários do Egito. Por certo, foi lá que eles tomaram o poder pela primeira vez na tentativa de dominar o mundo. (Brincadeirinha. Ou não.) Antigos egípcios eram famosos por sua devoção aos gatos, e até tinham uma deusa felina, Bastet.

Gatos eram considerados sagrados. Era ilegal exportá-los, e quem matasse um deles era condenado à morte. A cidade de Bubastis, que significa "casa de Bastet", continha um grande complexo de templos onde os gatos eram mumificados após a morte. Pessoas que perdiam um gato expressavam seu profundo luto raspando as sobrancelhas, e continuavam enlutadas até os pelos crescerem de volta.

O termo "gato" provém da palavra norte-africana *quattah*, assim como as variações em outros idiomas, inclusive o francês *chat*, o alemão *katze* e o italiano *gatto*.

Gatos na Índia

Gatos aparecem em duas das histórias mais famosas da antiga Índia. No *Mahabharata*, há uma improvável amizade entre um gato chamado Lomasa e um rato chamado Palita (os Tom e Jerry originais?), que salvam um ao outro da morte e travam profundas discussões de caráter filosófico.

No *Ramayana*, o deus Indra se disfarça de gato para escapar da fúria de um marido irado após a divindade ser flagrada fazendo sexo com a esposa do homem. (Ao que parece, o disfarce não deu certo, e o deus acabou condenado a perder algumas de suas partes viris. Ai.)

Gatos na Pérsia

Dizem que o profeta Maomé amava gatos. Há uma história famosa que conta como o gato favorito de Maomé, Meuzza, caiu no sono no braço do profeta e, em vez de incomodar o animal, Maomé cortou a manga de seu manto. Outra história afirma que o gato tigrado conseguiu o "M" em sua testa quando o profeta pôs a mão na cabeça de Meuzza ao abençoá-lo.

Existe um conto persa que relata como o gato, usando magia, foi criado como presente para o grande herói Rostam. Contarei a história no próximo capítulo.

Gatos no Japão e na China

Os chineses têm um mito sobre gatos na criação do mundo. (É claro que os gatos estavam lá – onde mais estariam?) Os japoneses consideravam os gatos como guardiões de livros sagrados e, às vezes, dos lares em geral. Muitas vezes, gatos tinham os próprios pagodes, e, no antigo Japão (por volta do século X d.C.), apenas a nobreza podia ter um felino.

Uma das imagens mais populares e imediatamente reconhecidas de um gato é o *maneki neko*, ou gato que acena, sentado com uma das patas erguida. Também conhecido como "gato da sorte", o ícone representa a deusa da misericórdia, considerada um sinal de boa sorte. Tenho alguns desses em minha casa, já que até hoje eles são presentes populares para maníacos por gatos. (Meu favorito é um gato da sorte cabeçudo que minha amada editora Elysia me deu. Ele fica na minha escrivaninha, e, sempre que leio algo deprimente na internet, ele dá uma balançadinha e me anima na mesma hora.)

Gatos em Roma e na Grécia

Na época em que os gatos chegaram a Roma e à Grécia, eles foram mais propensos a ser tratados como animais de estimação do que mantidos por sua utilidade como controladores de pragas (os gregos e romanos usavam fuinhas para isso, acredite ou não). Dizem que o teatrólogo grego Aristófanes deu origem à frase "foi o gato" como parte de suas peças cômicas. Em casa, ainda a usamos...

Entretanto, a mitologia grega também pode ter sido a origem da primeira associação negativa entre gatos e bruxas. Há um mito em particular em que uma mulher foi transformada em gato por Hera e banida para o submundo a fim de servir Hécate, a deusa das bruxas e da escuridão, entre outras coisas.

Gatos na Europa:
Os Bons, os Ruins e os Feios

Talvez em reação à visão positiva dos gatos entre povos pagãos da Irlanda e da Escócia, que os consideravam mágicos, a Igreja Católica acabou vendo os felinos como maléficos, associando-os a bruxas e ao diabo. Nos anos 1200, o papa Gregório IX emitiu uma bula papal (um tipo de anúncio eclesiástico oficial) afirmando que gatos eram maus e mancomunados com Satã, e as pessoas começaram a matá-los por toda a Europa, sobretudo os pretos. (Gata Magia gostaria que você soubesse que ela fica especialmente indignada com isso.) Mulheres que tinham gatos, em especial as mais velhas, também possuíam má reputação. Eram tempos sombrios.

Felizmente, os gatos recuperaram a popularidade durante a Era Vitoriana (1837-1901), graças à própria rainha Vitória. Anteriormente fã de cães, a monarca, ao que parece, ficou intrigada com gatos por conta do fascínio da época pela egiptologia. Ela adotou dois gatos persas azuis e os tornou parte de seu séquito. Por ela ser popular entre as pessoas comuns, a atitude fez ressurgir o desejo de se ter gatos. Os felinos estavam de volta. Você sabia que eles voltariam.

Esse interesse acabou se espalhando pelos Estados Unidos, sobretudo por meio da revista mais lida na época, a *Godey's Lady's Book*. Os gatos, que (acredita-se) chegaram aos Estados Unidos por volta de 1749, tiveram um surto de popularidade, e o resto é história.

Gatos têm tudo: admiração, sono interminável e companhia só quando querem.

ROD MCKUEN

Recadinho da **Gata Magia**

O que nenhum desses fatos históricos conta é que os gatos vêm influenciando humanos importantes desde o início dos tempos. Por exemplo: você sabia que Florence Nightingale, que inventou a enfermagem, era gateira? Ela teve mais de sessenta gatos durante a vida toda. Provavelmente aprendeu com eles tudo o que sabia sobre fazer as pessoas se sentirem melhor. O presidente Jimmy Carter tinha um gato chamado Misty Malarky Ying Yang. Não, não estou inventando. O escritor Ernest Hemingway tinha oito gatos: Alley Cat, Crazy Christian, Ecstasy, F. Puss, Fats, Friendless Brother, Dillinger e Pilar. Fala sério… escritores são esquisitos. John Lennon tinha um gato chamado Elvis. Reflita sobre este por um minuto! O que quero dizer é que escritores, músicos, políticos e todos os tipos de gente famosa tinham gatos sussurrando nas orelhas deles. Aposto meus bigodes que é por isso que eles ficaram famosos. Estou apenas apontando o óbvio.

O Duelo

Eugene Field

O cachorro xadrez e o gato malhado
Sentaram-se à mesa, lado a lado;
Era meio-dia e meia, e – o que vocês pensaram?
Nem um nem outro os olhos pregaram!
O velho relógio holandês e o prato chinês
Tão certo quanto o destino, pareciam saber
Que uma briga terrível estava para acontecer.
(Eu não estava lá; simplesmente repito
O que pelo prato chinês me foi dito!)

O cachorro xadrez fez "au, au, au!"
E o gato malhado respondeu "miau-miau!"
Por uma hora ou mais, o ar ficou lotado
De pelo xadrez e malhado
Enquanto o velho relógio holandês, na lareira,
As mãos em frente ao rosto levou
Pois sempre uma briga de família receou!
(Atenção: só estou contando a vocês
Uma afirmação do velho relógio holandês!)

O prato chinês ficou azul, a tremer,
E lamentou, "Minha nossa! O que vamos fazer?"
Mas o cachorro xadrez e o gato malhado
Saíram rolando, agarrados,
Usando unhas e dentes
De um jeito horrível, sem precedentes,
E, oh!, como voavam pelos xadrez e malhados!
(Não pensem que estou exagerando:
É o prato chinês quem está me contando!)

Na manhã seguinte, onde os dois haviam estado,
Nem rastro de cão ou gato foi encontrado;
E até hoje há pessoas a pensar
Que ladrões roubaram aquele par!
Mas a verdade sobre o gato e o cachorrinho
É que eles se devoraram todinhos!
E você, o que acha disso?
(O velho relógio holandês me contou a história,
E agora sou eu quem a conto de memória.)

Book of Spells
herbal spells

CAPÍTULO 2

Mitos, Folclore e Histórias Felinas

Acredito que gatos são espíritos que vêm à terra. Estou certo de que um gato poderia caminhar sobre uma nuvem sem furá-la.

JÚLIO VERNE

Há muitos mitos e folclores girando ao redor dos gatos. Alguns deles são mágicos, outros, sensíveis, e outros, apenas bobinhos. Aqui estão alguns divertidos com que deparei enquanto fazia pesquisas para este livro; uns eu já conhecia, outros eram novidade para mim. Experimente lê-los em voz alta para o seu gato a fim de descobrir quais ele aprova e quais ele acha uma bobagem total. Além disso, seguem alguns fatos fascinantes sobre os quais talvez você não saiba a respeito do animal que comanda sua casa – ou melhor, com quem você compartilha seu lar.

Fatos Fascinantes

- O coletivo de gatos é gataria.
- Gatos são os animais de estimação mais populares nos Estados Unidos: há cerca de oito gatos para cada sete cachorros. Mas somente 24 por cento dos felinos que chegam aos abrigos de animais são adotados.
- Gatos passam 70 por cento da vida dormindo.

- Em tigres e gatos-malhados, o meio da língua é coberto de espinhos apontando para trás, usados para rasgar e agarrar carne. Mas eles não sentem o sabor doce. (Que triste!)

- Gatos têm mais de vinte músculos que controlam suas orelhas. A audição é o sentido mais aguçado do gato. Eles conseguem ouvir sons de até 64 kHz — em comparação com seres humanos, que só podem ouvir até 20 kHz. Isso provavelmente explica por que eles conseguem escutar o abridor de latas de onde quer que estejam. Gatos podem mexer separadamente as orelhas em 180 graus.

- Quando gatos fazem careta, às vezes é porque estão experimentando o ar. Os felinos possuem um órgão extra que, com certo controle da respiração, permite que sintam o gosto do ar.

- Gatos possuem visão diurna inferior, mas durante a noite precisam de sete vezes menos luz do que os humanos para enxergar.

- Ter um gato pode reduzir em um terço o risco de AVC e infarto. Alguns felinos, inclusive, detectaram câncer em seus tutores. A frequência do ronronar de um gato doméstico é a mesma com que músculos e ossos se regeneram.

- O maior gato do mundo media 1,20 m de comprimento.

- Gatas fêmeas geralmente são destras, e os machos, canhotos.

- Gatos fazem mais de cem tipos de sons diferentes. Cães fazem por volta de dez, provando, mais uma vez, a superioridade felina.

- Gatos usam os bigodes para detectar se conseguem passar por determinado lugar.

- O cérebro de um gato é 90 por cento similar ao de um ser humano. Gatos e pessoas possuem seções cerebrais quase idênticas que controlam as emoções. O córtex cerebral do gato (parte do cérebro encarregada de processar informações cognitivas) possui 300 milhões de neurônios, comparados aos 160 milhões dos cachorros. Gatos também têm maior memória de longo prazo que os cães, especialmente quando aprendem fazendo as coisas, e não somente vendo-as. (Talvez isso explique por que eles guardam rancor por mais tempo.)

- Gatos têm cinco dedos nas patas dianteiras e quatro nas traseiras, a menos que sejam polidátilos (com dedos extras). Gatos polidátilos também são chamados de "gatos de Hemingway", pois o autor os adorava.

- Abraham Lincoln tinha quatro gatos na Casa Branca. Quando lhe perguntaram se o marido tinha algum *hobby*, dizem que Mary Todd Lincoln respondeu: "Gatos".

- Um gato pode saltar seis vezes a própria altura.

- Gatos só transpiram pelos pés.

- O nariz de um gato contém um padrão exclusivo, assim como impressões digitais humanas.

- Gatos possuem glândulas odoríferas pela cauda, na testa, nos lábios, no queixo e nas laterais internas das patas dianteiras. Quando se esfregam nos móveis ou nas pessoas, estão demarcando território. Sim, você é o território de seu gato.

Mitologia, Tradição e Lendas

Do Mundo Todo

A cor da pelagem de um gato podia fazer muita diferença na vida dele, dependendo do lugar do mundo em que vivia. Os irlandeses acreditavam que um gato escaminha trazia boa sorte, mas, no folclore celta, gatos pretos eram considerados maléficos, e muitas vezes eram mortos. A Gata Sìth, uma lenda celta comum na Escócia, era considerada uma criatura feérica ou, mesmo, uma bruxa que aparecia como uma grande gata preta com uma mancha no peito. Dizia-se que Sìth podia roubar a alma de uma pessoa morta, e que deixar leite na parte de fora de casa no Samhain[1] (Halloween) garantiria que ela abençoaria seus habitantes em vez de amaldiçoá-los.

Os japoneses também pensavam que gatos escaminhas traziam boa sorte, sobretudo se fossem escaminhas e brancos. Eles também acreditavam que uma mancha preta num gato indicava que o felino continha a alma de um ancestral falecido. Em culturas budistas, birmanesas e siamesas, pensava-se que gatos recebiam as almas mais sagradas a caminho do paraíso.

Outra lenda dessa região do mundo dizia que as manchas mais escuras no pescoço dos gatos siameses eram as impressões digitais dos deuses, mostrando onde eles haviam

1. Pronuncia-se "sou-ên", e significa "fim do verão", no hemisfério norte. (N. da T.)

apanhado os felinos para admirá-los. Não é de admirar que gatos siameses tenham tanta atitude!

Gatos azuis são extremamente valorizados na Rússia. Na verdade cinza-azulados, o azul russo é uma raça diferenciada conhecida por sua pele grossa e sedosa. Também era considerado portador de boa sorte para um novo casal se ele se mudasse com os dois para seu novo lar. Acreditava-se que o careliano russo, um gato de pelo longo e cauda curta, era uma princesa encantada.

Na Grã-Bretanha, escaminhas eram considerados um sinal de má sorte. Alguns povos pensavam que gatos brancos davam azar e gatos pretos eram benéficos, enquanto outros achavam o contrário. Dizia-se que, se um gato preto cruzasse seu caminho, era sinal de que você não tinha ofendido a bruxa a quem ele pertencia, e ela passaria por você.

Muitas vezes, gatos pretos foram injustamente rotulados com o mal. Provavelmente porque o preto era considerado a cor da noite e da escuridão, e, portanto, assustador. Mitos antigos davam má reputação a gatos pretos. Contos hebraicos sobre a primeira esposa de Adão, Lilith, mais tarde considerada uma vampira, diziam que ela se transformava em um imenso gato preto que atacava crianças indefesas roubando seu fôlego. (Contos da carochinha sobre gatos roubando o fôlego de bebês persistem até hoje.)

Durante a Idade Média, acreditava-se que os gatos tinham poderes maléficos (com ou sem uma bruxa como companhia), e algumas pessoas pensavam que seus dentes eram venenosos e seu hálito podia infectar pulmões humanos com tuberculose, o que era conhecido como tísica. Eles também seriam capazes de azedar cervejas. Seria lamentável!

No século XVI, italianos acreditavam que, se um gato preto saltasse na cama de um doente, era sinal de que a pessoa morreria. Por outro lado, em regiões da França, um gato preto desconhecido miando na soleira de sua casa significava que você se casaria logo. (Não sei o que isso significava se a pessoa já fosse casada!) E a tradição budista sugeria que um gato de pelo escuro traria ouro no seu futuro, enquanto um felino polidátilo (com dedos extras) significava boa sorte.

Histórias Felinas

Como os Gatos Começaram a Ronronar

Há um antigo conto europeu que afirma que, muito tempo atrás, uma princesa recebeu uma tarefa impossível. Ordenaram-lhe que fiasse 10 mil novelos de linho em um mês, do contrário, o príncipe a quem ela amava seria condenado à morte. A princesa foi trancada em um quarto, com apenas três gatos como companhia. Desesperada, ela lhes pediu que a ajudassem. Os três gatos e a princesa trabalharam noite e dia e finalizaram a tarefa, fiando sem parar. A recompensa dos felinos foi a capacidade de ronronar, um som semelhante ao ruído da roda girando.

Como os Gatos Persas Foram Criados

De acordo com um antigo conto persa, gatos foram criados com magia. Rostam, um grande herói persa, estava em uma de suas aventuras quando salvou um mágico de um bando de ladrões e abrigou o homem mais velho em sua tenda. Sentados ao lado da fogueira sob as estrelas, o mágico perguntou a Rostam como poderia recompensar o herói por salvá-lo. Rostam respondeu que já tinha tudo que desejava: o calor e o conforto do fogo, o cheiro da fumaça e a beleza das estrelas acima deles.

Então, o mágico pegou um punhado de fumaça e o misturou às chamas, alcançando duas estrelas brilhantes em seguida. Então, ele as juntou, amassando-as, e soprou nelas, criando um gatinho acinzentado com olhos brilhantes como as estrelas piscando e uma língua que estremecia como as labaredas. Foi assim que nasceu o primeiro gato persa.

Mito Chinês sobre a Criação dos Gatos

Os chineses dizem que, nos primórdios do mundo, os deuses encarregaram os gatos de garantir que as coisas corressem bem e lhes deram o dom da fala para ajudá-los a se comunicar com clareza. Mas os gatos estavam muito mais interessados em dormir sob as cerejeiras e apanhar as flores que caíam. Eles não queriam estar no comando do mundo e sugeriram aos deuses que talvez os humanos pudessem se sair melhor na tarefa. Os deuses ficaram decepcionados, mas concordaram em tirar a capacidade da fala dos gatos e dá-la aos humanos. Infelizmente, eles também não se revelaram tão bons para a função. Fomos autorizados a continuar falando, mas os gatos retomaram o cargo, no qual permanecem até hoje.

Como Nasceram os Salgueiros-gato

De acordo com uma antiga lenda polonesa, uma mãe gata estava chorando à margem de um rio onde os filhotes afundaram. Os salgueiros à beira-rio mergulharam seus galhos longos e graciosos nas águas para resgatar os gatinhos que haviam caído no rio enquanto corriam atrás de borboletas. Eles seguraram firme nos galhos e foram trazidos em segurança à margem. Desde então, a cada primavera, os galhos dos salgueiros fazem brotar minúsculos botões com pelinhos nas pontas, no mesmo lugar onde os gatinhos se agarraram.

A Coruja e o Gatinho
Edward Lear

A Coruja e o Gatinho foram ao mar
  Em um lindo barco esverdeado,
Levaram um pouco de mel, e muito dinheiro,
  Enrolado em uma nota de cinco libras.
A Coruja olhou para as estrelas acima,
  E cantou, acompanhada de um pequeno violão,
"Ó, lindo Gatinho! Ó, Gatinho, meu amor,
Que Gatinho lindo você é,
  Você é
  Você é!
Que Gatinho lindo você é!"

O Gatinho disse à Coruja: "Ave elegante!
  Como seu canto é bonito e galante!
Vamos nos casar sem mais tardança:
  Mas o que usaremos como aliança?"

Eles navegaram durante um ano e um dia inteirinho,
  Às terras onde crescem os louros

E ali, na floresta, havia um porquinho
Com um anel na ponta do nariz
Do nariz
Do nariz
Com um anel na ponta do nariz.

"Caro Porco, gostaria de vender por um xelim
O seu anel?" O Porco respondeu: "Sim".
Então, eles o levaram, e no dia seguinte se casaram
Em celebração feita pelo Peru, que vive na colina.
Jantaram carne picada e marmelada,
Que comeram com uma colher vazada;
E de mãos dadas, à beira da areia,
Eles dançaram na noite enluarada
Enluarada
Enluarada
Eles dançaram na noite enluarada.

Book of Spells
herbal spells

CAPÍTULO 3

Divindades Felinas

Eu amo gatos porque amo minha casa; e, pouco a pouco,
eles se tornam a alma visível do lugar.

JEAN COCTEAU

Há várias divindades especialmente associadas a felinos e a quem os ama. É provável que Bastet seja a mais famosa, mas também há outras. Aqui está um breve apanhado das divindades mais populares vinculadas a gatos. Sugiro fazer mais pesquisas por conta própria se você quiser trabalhar com uma em particular, a fim de aprender o máximo possível e descobrir qual divindade melhor se identifica com você (e com seu auxiliar). Ou, é claro, você pode deixar seu gato escolher.

Ai Apaec

Principal deus da civilização pré-Inca conhecida como Mochica, Ai Apaec era representado com frequência como um velho de rosto enrugado, presas longas, bigodes felinos, e dizem que havia evoluído de um antigo deus felino. Às vezes, ele assumia a forma de um gato macho.

Ferrenho protetor de seu povo, Ai Apaec era temido e adorado ao mesmo tempo (tal como um gato, na verdade). Às vezes, é associado a jaguares. Ele era o deus padroeiro dos caçadores, dos pescadores, dos agricultores e curandeiros. Invoque Ai Apaec para proteção ou ajuda com seu pomar ou qualquer coisa relacionada a ter comida na mesa.

Bastet

Bastet é uma deusa egípcia muitas vezes representada com corpo de mulher e cabeça de gato, usando brincos de ouro e um colar. Gatos pretos são excepcionalmente sagrados para ela, e não é incomum encontrar estátuas régias de gatos com aspecto egípcio representando-a em um altar. Bastet é associada à maternidade, fertilidade, amor, sexo e música. Se você quiser uma protetora para novos filhotes de gato ou um novo bebê, Bastet é uma boa deusa para invocar. Seus outros nomes são Bast, Pasht e Ubastet.

Outras divindades egípcias, entre elas, Mut, Hathor e Sekhmet (considerada por alguns a forma leonina de Bastet), também eram associadas a gatos selvagens. No início, Bastet era associada a uma leoa, mas acabou amansando e vista como a deusa dos gatos e gatinhos domésticos, vez ou outra intitulada "a mãe de todos os gatos".

Havia um festival em honra a Bastet na primavera, geralmente na metade de abril[2], portanto, essa seria uma época apropriada para fazer oferendas a ela. Embora estátuas de Bastet geralmente representem uma gata preta, também é provável que felinos do Egito fossem amarelados, dourados ou avermelhados. Invoque-a para amor, sexualidade, fertilidade, maternidade ou qualquer necessidade de seu próprio gato.

Freya

Uma deusa nórdica, seu nome significa "Senhora", e ela é associada ao amor, à beleza, ao sexo, à guerra, à morte, ao ouro, à magia e à metamorfose. Freya é conhecida por numerosos atributos, inclusive Brisingamen (seu colar de

2. Considerando-se o hemisfério norte, obviamente. (N. da T.)

âmbar e rubis), um casaco feito de penas de falcão e sua carruagem, puxada por dois gatos enormes que Thor deu de presente à deusa. Ela era fã de gatos, e vez ou outra a chamavam de Senhora dos Gatos. Para agradá-la, agricultores colocavam leite do lado de fora da casa para gatos de rua. (Sem dúvida, isso também agradava aos gatos.)

Freya governava Fólkvangr, para onde iam metade dos que morriam em batalha, e era líder das Valquírias. Dizia-se que, quando Freya e as Valquírias partiam rumo à guerra, elas produziam as luzes mágicas cintilantes no céu conhecidas como aurora boreal, ou luzes do norte. Ela consolava os moribundos e os conduzia ao outro mundo.

Também deusa do amor e da sexualidade, dizia-se que Freya era irresistivelmente bela, loira e de olhos azuis. Invoque Freya para amor, sensualidade, prosperidade, adivinhação e qualquer tipo de magia. Ela também pode ajudar com a transição e o luto que vêm com a morte.

Hécate

Deusa grega das bruxas, certa vez Hécate teve de assumir a forma de um gato para escapar do monstro Tífon. Mais tarde, ela estendeu esse tratamento especial a todos os felinos, incluindo-os na bruxaria e em todas as coisas mágicas. Há quem pense que foi assim que os gatos passaram a ser conhecidos como auxiliares de bruxas. Embora associada com mais frequência a cães de caça pretos, Hécate também é representada ao lado de gatos pretos.

Além de Hécate, há poucas divindades que se transformavam em gatos ou tinham um felino como companheiro sagrado. Ceridwen, a deusa galesa da sabedoria e mãe do famoso bardo Taliesin, tinha como companhia gatos brancos que executavam suas ordens. A deusa nórdica Hel, por sua vez, era auxiliada por gatos pretos.

O deus jaguar maia do submundo se manifestava como esse felino, e também podia ser visto quando o sol noturno viajava do oeste para o leste no submundo de madrugada até nascer de novo durante o dia, nas terras do supramundo.

Ovinnik

Antigo deus polonês, Ovinnik aparecia como um gato preto e era chamado de "espírito do celeiro". Era cultuado entre os agricultores, e conhecido por cuidar dos animais domésticos e afastar aparições maléficas e fadas inoportunas.

Invoque-o para proteção contra espíritos malignos ou para cuidar de seus gatos, cães e gerbos (ou qualquer outro animal).

Rá

Às vezes, Rá aparecia como um enorme gato, e nesse formato era conhecido como Maau. Ele é mencionado como o "Grande Gato em Heliópolis" no Livro Egípcio dos Mortos. Durante um eclipse solar, acreditava-se que Rá, como o Grande Gato, lutava contra (e vencia) Apep, o deus da escuridão, que assumia a forma de uma serpente gigante.

Invoque a ajuda de Rá ao travar suas batalhas, não importa quais sejam elas.

Sekhmet

Diferentemente de Bastet, mais meiga e amável, Sekhmet era chamada de "cabeça de leão" e representada de acordo. Também denominada "a Terrível" e "a Poderosa", Sekhmet era a deusa da guerra – e, ironicamente, da cura (acho isso providencial). Era representada com cabeça de leoa, pele preta e olhos flamejantes. Às vezes considerada a filha de Rá, o deus do sol, Sekhmet também era uma divindade solar.

Se você precisa de uma protetora ou uma aliada feroz, invoque Sekhmet. Trabalhe com ela para proteger a si mesmo, seu lar ou entes queridos.

Recadinho da **Gata Magia**

Trabalhar com um deus ou uma deusa pode ser muito gratificante. Gatos, é claro, fazem isso sem esforço, e talvez seja por esse motivo que as bruxas acham muito útil ter felinos por perto. Para seres humanos pode ser um pouco mais difícil, mas tenho certeza de que você consegue. Lembre-se de sempre agir com respeito, dizer "por favor" e "obrigado(a)", e não espere que eles operem milagres por você se não estiver disposto a fazer sua parte do trabalho (e, às vezes, nem assim dá certo – os deuses sabem quando alguma ideia não é boa, mesmo que você não saiba). Também é bom dar presentes a eles. Muitas vezes, a Deborah coloca flores, alimentos ou um cristal bonito no altar. Pessoalmente, acho que um rato bacana também seria uma boa pedida, mas nunca consegui convencê-la a fazer isso.

Se você deseja trabalhar com uma divindade felina, aqui estão alguns feitiços que podem ajudá-lo.

Feitiço para Descobrir sua Própria Divindade

Às vezes, fica evidente com qual deus ou deusa devemos trabalhar – ou somos instantaneamente atraídos por ele(a) ou ele(a) se mostra de uma forma ou de outra. Se você está sempre vendo corujas, por exemplo, talvez seja um sinal de Atena. Mas, se você não está conseguindo descobrir quem invocar para um assunto particular ou deseja explorar uma nova relação com divindades, e não consegue descobrir com qual, experimente fazer esse feitiço. Ele é elaborado em especial para divindades vinculadas a gatos, mas é possível ampliar facilmente o alcance mudando alguns nomes.

Itens do feitiço: Uma ou mais estátuas de uma divindade felina (as de Bastet são fáceis de achar), ou imagens de divindades felinas (você pode imprimi-las da internet ou abrir uma página de um livro que contenha uma), vela branca ou prateada, um incenso de sálvia ou de limpeza do aroma de sua escolha (limão, laranja ou lavanda). Opcional: se você fizer o feitiço ao ar livre sob a lua cheia, pode usar um espelho de mão ou uma tigela preta cheia de água para olhar dentro após pronunciar o feitiço.

Organize as imagens da divindade. Limpe sua energia com a sálvia ou o incenso girando-o ao redor de si enquanto se visualiza limpo e aberto. Acenda a vela e pronuncie o feitiço, depois, fique em silêncio por alguns instantes e verifique algum lampejo intuitivo ou orientação. Se estiver usando o espelho ou a tigela de água, contemple-o e veja se aparece o reflexo de alguma divindade.

Bastet gentil, ouça meu apelo
Envie-me da divindade um sinal
Sekhmet feroz, e Rá tão iluminado
Guiem-me ao deus adequado
Freya, Hécate, das bruxas monarcas,
Ajudem-me a enxergar o que a visão não abarca
Espíritos selvagens, espíritos indomados,
Mostrem-me quem é meu deus adequado.

Feitiço para Pedir Ajuda a uma Divindade

Se você está passando por alguma dificuldade e precisa pedir ajuda a algum deus ou deusa felino(a), convém montar um altar específico para essa divindade (a estátua de um gato egípcio para Bastet, por exemplo) ou qualquer coisa que atraia um deus gatocêntrico, como brinquedos para felinos, erva-dos-gatos ou alguns petiscos. Noites de lua cheia são especialmente boas para invocar divindades felinas, embora você sempre possa fazer isso quando sentir necessidade. Dependendo da divindade, é bom usar uma cor de vela específica, como preta para Bastet e vermelha para Sekhmet.

Abençoado felino impetuoso
Venha até mim neste período de necessidade
Venha em meu socorro com sua graça e poder
Fique ao meu lado com sutileza e paixão
(Nome da divindade), eu o chamo
(Nome da divindade), eu o chamo
E lhe peço ajuda e sabedoria
Ó, abençoado felino impetuoso!

Meditação de uma Divindade Felina

Se deseja se conectar com uma divindade particular ou fazer turnos de conexão com mais de uma, você pode tentar fazer essa meditação. Ela pode ajudar a ter uma ideia da divindade a se contemplar antes de começar.

Em uma noite de lua cheia ou nova, ou às doze horas de um dia ensolarado, acenda uma vela branca. Se quiser, você pode queimar sálvia ou qualquer incenso que o deixe calmo e meditativo. Você também pode colocar uma música suave de fundo; gosto de usar CDs com sons da natureza ou toques leves de sino.

É claro que, se você conseguir que seu gato se sente ao seu lado durante a meditação, melhor ainda.

Comece ficando à vontade. Afinal, nenhum gato sequer consideraria meditar sem uma almofada ou banquinho confortável para se sentar! Acenda o incenso, ponha a música e depois acenda a vela.

Feche os olhos e imagine a divindade com quem você deseja se conectar. Se estiver meditando à noite, pense na lua (independentemente da fase) e visualize a divindade caminhando pela noite em sua forma de gato. Se for dia, vislumbre a divindade como um gato aninhado feliz e contente em uma réstia de luz do lado de fora ou no meio da sala.

Imagine-se abrindo as mãos e o espírito para sentir a força, o contentamento e a sabedoria do deus que atende ao seu chamado. Fique em silêncio por alguns instantes e veja o que acontece. Não deixe de agradecer à divindade quando estiver pronto para finalizar a meditação.

Os Gatos

Charles Baudelaire

Todos os sábios prezam, e também os amantes ardentes,
– Com o sinal dos anos na fronte a marcar –
Os doces e altivos gatos – orgulho do lar –
Que, como eles, são sabidos, sisudos e indolentes.

Amigos do Êxtase e do Aprendizado,
Eles buscam o silêncio e os horrores da escuridão;
O diabo os usou como corcéis da Perdição,
Ele poderia, sozinho, o orgulho à escravidão ter dobrado.

Contemplativos, eles exibem o contorno imaculado
Das grandes esfinges – estendidos sobre o deserto arenoso
Que parecem dormir profundamente um sono imortalizado.

Seus rins em mágicas fagulhas se distendem,
E ouro em pó reluzente, tão fino como areia,
Suas pupilas místicas acendem.

Book of Spells
herbal spells

CAPÍTULO 4

Dando Nomes a Gatos e Encontrando um Novo Gato

Poucas coisas na vida deixam o coração tão quentinho quanto ser recebido por um gato.

TAY HOHOFF

Gatos vêm a nós de várias maneiras. Às vezes planejamos arrumar um, como quando fiz pesquisas no Petfinder.com na intenção de acrescentar um quarto felino a casa em homenagem ao que perdi. Outras vezes eles o surpreendem, como quando fui ao abrigo buscar o quarto gato (Angus, como ele passou a se chamar) e voltei com dois em vez de apenas um. Juro, não foi minha culpa. Minha intenção era arranjar somente um. Inclusive, voltei lá três vezes, tentando decidir qual levar: o adorável machinho amarelo com cara de raposa responsável por minha ida ao abrigo, ou o pequeno e doce malhadinho que dividia o quarto com cerca de outros vinte gatos.

Por fim, voltei pela última vez e me sentei no meio do chão. Disse: "Certo, deuses, o gato que se sentar no meu colo é o que vou levar para casa". Angus, o machinho tímido, veio, sentou-se e ronronou feito um louco. "Beleza", disse eu. Em seguida, ele se levantou, e a femeazinha minúscula – uma rajada que o pessoal do abrigo acreditava ter uns 3 ou 4 anos e estava ali há um ano – veio e se sentou no meu colo no lugar dele. Nenhum dos outros gatos do quarto sequer olhou na minha direção. Eu praticamente ouvia os deuses dando risada.

Mesmo assim, eu não teria desistido de Samhain por nada (ela era preta e laranja, que nome você teria colocado?). Como eu disse, às vezes você tem um plano, outras vezes, os deuses têm um para você. Isso sem mencionar o que os gatos têm em mente...

Como Dar Nome a Gatos

É preciso tomar muito cuidado com o nome que se dá a um gato. Se você não acredita em mim, vou contar, como advertência, uma história que aconteceu comigo. Quando eu fazia faculdade, peguei a gata filhote mais adorável do mundo. É sério – a gatinha era tão encantadora que os únicos nomes em que consegui pensar para ela davam nojo de tão fofos (e eu não faço o tipo fofinha). Então, pensei em bancar a esperta e irônica, e a batizei de "Matadora".

Minha nossa. Eis que ela se deu bem com o nome, até demais. Não que ela fosse violenta de propósito. Pelo contrário, era obsessivamente amorosa, a ponto de, sempre que eu chegava em casa, ela atravessar correndo o apartamento e escalar minha perna, usando as garrinhas mais minúsculas e mais afiadas do que as de qualquer outro gato que eu já tivera. Uma graça, sim, mas antes que eu me desse conta, estava coberta de arranhões da cabeça aos pés.

Portanto, ouça o que eu digo: é bom tomar muito cuidado com o nome que se dá a um gato.

Por outro lado, muitos gatos acabam combinando com seus nomes de maneiras muito mais positivas. Por exemplo, Magia, minha gata preta, é a primeira auxiliar de verdade que tenho. Se eu sabia disso quando dei a ela esse nome? Em certo nível, talvez; é difícil afirmar. Muitos nomes de gatos não parecem portar tanto peso (o irmão dela, Místico, não tem nada de misticismo, e a mãe deles, Minerva, certamente era uma deusa no meu coração, mas, em geral, é tímida e doce), mas isso não significa que você não deva escolher o nome perfeito para cada gato.

Se você ouvir bem, alguns gatos lhe dirão o nome deles. E há quem acredite que o nome pelo qual você chama um gato não importa, pois todos têm nomes secretos que seres humanos nunca saberão, a menos que os sussurrem nas nossas orelhas enquanto estamos dormindo.

É claro que, como bruxas, também podemos perguntar. Você pode começar passando um tempo com algum gato novo que chega a sua casa para ter uma ideia da personalidade dele e ver se consegue sacar quem é esse animal. Experimente alguns nomes e veja se eles parecem se encaixar e o gato reage, ou, ao contrário, olha para você com aquela cara de "No que diabos você estava pensando?". Quase chamei Magia e Místico de "Ônix" e "Ágata" devido às cores preta e cinza (e por eu fabricar joias com pedras preciosas), mas, quando tentei usar esses nomes, só recebi fungadas de indignação e caudas erguidas enquanto eles saíam andando. Provavelmente seu novo gato também vai dar uns avisos.

Feitiço para Descobrir o Nome de seu Gato

Se a ideia anterior não funcionar e o nome não lhe ocorrer, sempre é possível tentar fazer um feitiço para descobrir com exatidão o nome certo para seu novo companheiro. Experimente fazer esse feitiço logo antes de dormir e veja se o nome aparece em um sonho. Ou pegue papel e caneta, e escreva o que lhe vier à mente. Se o gato ficar por perto enquanto você pronuncia o feitiço, tanto melhor, mas vai funcionar de qualquer forma.

Itens do feitiço: Vela branca, um pouco de pelo do gato, e uma lista de possíveis nomes que você anotou à mão, ou um livro de nomes. Eu gosto do *Llewellyn's Complete Book of Names: For Pagans, Witches, Wiccans, Druids, Heathens, Mages, Shamans, and Independent Thinkers of All Sorts* (K. M. Sheard, Llewellyn, 2011).

Acenda a vela, coloque o pelo em cima do livro ou da lista, e pronuncie o feitiço.

Um gato precisa de um nome como
uma bruxa precisa de um gato
Perfeito, certo e adequado
Um nome sem disfarces, diurno
Um nome para as sombras, noturno
Para ver o nome adequado desse gato, peço ajuda
Para o nome que cairá feito uma luva
Que ele apareça em minha mente
e soe em meus ouvidos, tinindo
Para que sirva a esse novo amor felino.

Lembre-se de que gatos podem ter mais de um nome. No livro *Catspells: A Collection of Enchantments for You and Your Feline Companion*, Claire Namhad sugere que todos os gatos têm três nomes: um nome de *pet* ou popular para o "espírito de criança" do felino, um "nome de distinção" e um nome mágico. Ela também dá sugestões para nomes apropriados para gatos que valem a pena uma conferida. Veja também as sugestões de nomes no livro de Ellen Dugan, *The Enchanted Cat*.

Nomes para Fêmeas

Abatha: a bruxa boa do leste de *O Mágico de Oz*.

Ágata: "vistosa" – antigo nome de bruxa.

Aine: lendária donzela-cisne, também uma deusa celta; nome bom para uma gata graciosa e nobre.

Âmbar: como a pedra preciosa/resina de mesmo nome, dourada ou laranja, sagrada para Freya.

Angélica: "angelical" – apropriado sobretudo para uma gata muito bem-comportada ou que pareça especialmente conectada com o mundo espiritual.

Astarte: uma deusa bruxa.

Aurélia: "dourada" – perfeito para gatas de pelo amarelado ou em tons de bege.

Aurora: deusa do amanhecer, nome ótimo para uma gata de cores vivas e cheia de energia.

Bastet: a deusa egípcia, simbolizada com frequência por uma estátua preta felina; nome bom para gatas com jeito de rainha ou de egípcia.

Bianca: "branca" – perfeito para gatas brancas.

Bridget: "força" – também a poderosa deusa celta da cura e da criatividade.

Cristal: um bom nome para uma gata atraída por pedras ou trabalhos de magia, ou que tenha uma personalidade vívida.

Diana: "deusa" – um bom nome para gatas de bruxas e misteriosas.

Freya: deusa nórdica do amor, também associada a gatos; bom nome para uma gata bem amorosa ou poderosa.

Hécate: a deusa grega e celta das bruxas; perfeito para uma gata preta.

Griselda: "donzela das batalhas" – bom para gatas mal-humoradas ou que protegem a casa.

Jasmim: "encantamento da noite" – bom para gatas mais ativas à noite ou que gostem de flores, principalmente as do seu altar.

Luna: "lua" – deusa romana da lua e também outro nome do satélite em si; perfeito para uma gata branca ou amarela.

Minerva: da deusa ou de Minerva McGonagall, a poderosa professora em *Harry Potter* que se transformava em um gato prata tigrado.

Morgana: outra deusa-bruxa.

Ônix: a pedra preta é extremamente protetora, e esse nome é bom para gatas pretas, ou de qualquer outra cor, que sejam do tipo que protege seu pessoal (este nome também dá certo para gatos machos).

Phoebe: outra deusa da lua; bom para gatas misteriosas.

Selene: "lua" — deusa da lua cheia; bom para gatas tranquilas ou de cores claras.

Sibila: "mulher sábia" – para gatas que parecem se comunicar com o invisível.

Titânia: a rainha das fadas da peça "Sonho de Uma Noite de Verão", de Shakespeare; um bom nome para gatas altivas e com jeito de rainha.

Nomes para Machos

Ambrósio: "imortal" – o mago Merlin também era chamado de Ambrósio, portanto, este é um nome muito mágico.

Arthur: "urso" – o rei Arthur é o mais famoso por este nome, o que o torna bom para gatos com jeito de rei ou poderosos.

Azeviche: como a poderosa pedra das bruxas (uma resina, na verdade), um bom nome para gatos pretos.

Baguera: da pantera negra perspicaz do livro *Mogli – O Menino Lobo*, de Rudyard Kipling. Perfeito para um gato preto esperto, leal e forte.

Binx: o gato preto do filme *Abracadabra*.

Caradoc: "amor" ou "amado" – antigo nome celta, bom para gatos poderosos e muito amorosos.

Ébano: para gatos pretos.

Esfinge: a estátua egípcia com cabeça de gato; perfeito para guardiões do lar silenciosos e misteriosos.

Greymalkin ou Grimalkin: nome tradicional de gatos de bruxa; Nostradamus tinha um gato chamado Grimalkin (este nome também dá certo para fêmeas).

Grimório: o Livro das Sombras de uma bruxa é um grimório, uma das ferramentas mágicas que mais prezamos; este é um bom nome para gatos que parecem saber das coisas.

Leo: "coração de leão" – um bom nome para gatos corajosos, poderosos e marrom-alaranjados.

Llewellyn: "como um leão" – associado a magia por conta dos vários livros publicados pela editora homônima, este nome galês também pode ser associado ao deus Llew.

Lince: como o gato selvagem de mesmo nome; bom para gatos elegantes e furtivos.

Meia-noite: nome popular para fêmeas e machos.

Merlin: o mágico mais famoso da mitologia; nome perfeito para gatos misteriosos e mágicos.

Pã: deus brincalhão dos campos e da música; bom nome para gatos que sempre parecem bem-humorados e cheios de energia.

Pyewacket: o gato siamês auxiliar no filme *Sortilégio de Amor*; um bom nome para siameses mágicos.

Sombra: gatos pretos ou cinza que seguem você podem gostar deste nome.

Thoth: deus egípcio da magia e da lua; combina com qualquer gato mágico e poderoso.

Tigre: bom para gatos que se acham selvagens e ferozes.

Alguns gatos de nomes interessantes que foram *pets* de gente famosa:

Mark Twain: Beelzebub, Blatherskite, Buffalo Bill, Apollinaris, Sin, Sour Mash, Tammany, Zoroaster.

Yoko Ono: Charo, Misha, Sascha.

T. S. Eliot: (que escreveu *O Livro dos Gatos Práticos do Velho Gambá*, famoso por falar sobre nomes de gatos e inspiração da peça *Cats*) Noilly Prat, Pattipaws, Tantomile e Wiscus.

Portanto, sejamos francos: é possível dar praticamente qualquer nome a um gato. Se você analisar os nomes dos meus, verá que hoje em dia gosto de usar os que carreguem algum tipo de magia ou misticismo: Magia, Místico, Minerva, Angus Mac, Luna, Samhain, e assim por diante. Mas também já usei nomes dos meus livros favoritos: Shadowspawn foi um gato preto batizado em homenagem a um personagem de um romance de fantasia, um ladrão misterioso e astuto, e Askelon veio do mesmo livro, um semideus do sono. Dei esse nome para ele porque, quando filhote, o bichano sempre dormia ao lado da minha cabeça e me ajudava a cair no sono.

Mesmo antes de eu me descobrir como bruxa, usava nomes de deuses, como no caso de meus gatos pretos Lares e Penates, batizados em homenagem a deuses ou espíritos guardiões dos lares. Claro, demos esses nomes pensando que eram machos, mas acontece que eram fêmeas (longa história), só que os nomes combinaram mesmo assim.

Na verdade, você pode dar o nome que quiser ao seu gato ou gata, contanto que ele(a) concorde.

Arrumando um Novo Gato

Vamos começar do início: arrumar um novo gato. Às vezes, é ele que encontra você. Certa vez, em fevereiro, apareceu uma gata na minha calçada no meio da noite. A coitadinha estava com as patas sangrando por causa do solo gelado, e ficou claro que andara passando por maus bocados. Achei que talvez ela fosse feroz (gatos selvagens por natureza) e a apanhei com uma gaiola tipo armadilha, para poder castrá-la, examiná-la e, depois, colocá-la para adoção. Enquanto eu e ela esperávamos em minha *mudroom*[3] por um amigo que vinha pegá-la e levá-la a uma clínica para a castração, a gata começou a ronronar enquanto eu conversava com ela, por mais assustada e abatida que estivesse.

Desnecessário dizer que ela não foi para adoção, e quando, seis meses depois, essa gata, a quem batizei de Melisande, morreu de insuficiência renal, até minha veterinária, em geral pragmática, disse para mim: "Acredito que essa gata veio até você para ter um lugar seguro e confortável para morrer após os seis meses em que finalmente recebeu amor". Acho que a dra. B. estava certa, e, por mais desolador que tenha sido, fiquei feliz pelos deuses terem enviado a gata para mim a fim de eu poder fazer o que fiz. Não era o propósito que eu teria escolhido, mas, mesmo assim, foi bom.

3. Área de uma casa em que são depositados sapatos e outros objetos sujos ou enlameados, de modo a evitar que outros cômodos do lar se sujem. (N. da T.)

Felizmente tive muitas histórias com finais mais felizes, ou, pelo menos, bem mais duradouras. Muitos dos felinos mais incríveis que tive foram gratos acidentes ou, ao menos, não eram o que eu achava que estava buscando quando saía procurando um gato novo. Houve uma vez, por exemplo, em que eu estava querendo um filhote e voltei para casa com dois gatinhos e sua mãe doente, aterrorizada e inadotável. Esses gatinhos eram a Magia e o Místico, e sua mãe, Minerva, acabou se revelando uma gata maravilhosa, mesmo tendo levado dois anos para confiar em mim, e praticamente ninguém além de mim chegou a vê-la. Trazer essa família para casa foi uma das coisas mais "inesperadas" que já fiz.

Creio que a lição aqui seja manter a mente aberta e prestar atenção aos sinais quando o universo lhe mandar um presente inesperado em forma de gato.

Feitiço para Encontrar um Novo Gato

Se, por outro lado, você estiver pronto para abrir espaço a um novo felino em seu lar e quiser garantir que encontrará o certo para você, também é possível tentar usar esse feitiço.

Itens do feitiço: Duas tigelas, uma com água e outra com ração de gato ou, se preferir algo que você possa comer mais tarde, atum em lata ou outra coisa de que um felino gostaria – um rato de mentira ou outro brinquedo pequeno.

Se por acaso você tiver uma estátua de Bastet ou um bonequinho de gato, coloque-o no altar, em uma mesa ou num tapete, junto com as tigelas e os brinquedos. Acenda uma vela branca para simbolizar a referência que você deseja que guie seu novo gato até você, e você até ele. De coração aberto, diga o seguinte:

Deus e Deusa, enviem a meu lar
A companhia felina exemplar
Um gato para ser amado, alimentado e abraçado
Um filhote fofo ou um adulto ousado
Enviem o gato que mais seja próprio para mim
E se destaque entre todos os outros afins
Com orientação divina,
Ajudem-me a achar minha companhia felina
Aqui, gatinho! Aqui, gatinho! Aqui, gatinho!
Venha para seu cantinho!

Você também pode encontrar, em vários outros lugares, gatos que precisam de um lar. Às vezes, *pet shops* locais mantêm gatos de abrigos vizinhos em gaiolas em frente à loja. Também há anúncios frequentes em *sites* ou nos jornais. O consultório da minha veterinária tem um quadro de avisos em que as pessoas colocam fotos dos gatos que precisam de bons lares, incluindo felinos encontrados ou cujos donos não podem mais ficar com eles. Alguns bairros têm gatos ferozes, e já tive vários amigos que se esforçaram muito para domesticá-los ou apanhar os filhotes quando pequenos e ainda aptos à socialização.

Se você tem um fraco por uma raça específica, ainda pode encontrá-la em abrigos ou por meio de uma organização de resgate. Uma vez, eu queria um gatinho de certa cor cinza-prateada, e consegui encontrar um em uma fazenda a algumas cidades de distância, porque as pessoas deixaram um bilhete sobre gatos de celeiro no consultório da minha veterinária.

Há muitos gatos que jamais encontrarão lares, e eles passarão a vida em abrigos, serão eutanasiados ou vagarão pelas ruas até encontrarem uma morte horrível. Por favor, castre ou esterilize qualquer gato que você adotar, a fim de não ampliar esse problema (além disso, você não terá que ouvir uma gata berrando quando ela estiver no cio, ou ficar borrifando água em um macho ou tentando separá-los). Da mesma forma, espero que você nunca, mas nunca mesmo, sequer cogite tirar as garras de um gato só para poupar rasgos e estragos nos móveis. Muitas pessoas não sabem que, quando gatos têm as garras removidas, a primeira articulação dos dedos de seus pés também é cortada. (Meus veterinários nunca fariam isso, ainda bem.)

Recadinho da **Gata Magia**

Se você está em busca de um novo morador para seu lar, considere adotar de um abrigo local. A menos que você já tenha em mente uma determinada raça (e, mesmo assim, pode conseguir encontrá-la em um abrigo), não há motivo para comprar um gato. Há milhares de gatinhos que precisam encontrar um bom lar, muitos deles passando anos em abrigos até a pessoa certa aparecer. E não considere apenas os gatos fofinhos. Sim, eu era uma gatinha adorável quando Deborah encontrou a mim e a meu irmão enorme, mas ela também trouxe nossa mamãe maravilha, que era dessas ariscas e provavelmente não teria encontrado outro lar. Gatos mais idosos e com necessidades especiais podem ser muito gratificantes, e provavelmente passariam o resto da vida morando em abrigos (se tiverem sorte de estar em uma dessas instituições que não aplicam mortes). Acredite ou não, gatos pretos são os menos adotados entre todas as outras cores, devido a velhas superstições sobre trazermos azar. Ridículo! Gatos pretos são os melhores, especialmente se você for bruxa ou bruxo!

A Gatinha e as Folhas que Caem

William Wordsworth

Olhe isto, meu filhinho!
Que espetáculo mais fofinho!
Veja a gatinha na murada
Brincando com as folhas ressecadas
Que caem – a primeira, a segunda e a terceira
Da elevada sabugueira!
Em meio à atmosfera calma e gelada
Desta clara e bela alvorada,
Lá vêm elas em redemoinho, a girar e girar
Suave e lentamente: pode-se pensar,
Pelas voltinhas,
Que cada folhinha
Uma Sílfide ou Fada transportou
Para este mundo inferior,
Cada uma invisível e sem falar,
Em seu paraquedas a balançar.

Mas como se lança, a gatinha!
Ela se agacha e se alonga, disparando com as patinhas!
Primeiro contra um, depois, tal como ela,

Contra sua companheira tão clara e tão amarela;
Há muitos agora – e agora, só um –
Agora eles param, e não há nenhum.
Que intensidade de desejo se ilumina
Em seu olhar voltado para cima!
A meio caminho, saltando feito uma tigresinha,
Ela encontra a presa que se avizinha,
Deixa-a ir, mais ligeira,
Depois, volta a tê-la prisioneira
Agora, ela trabalha com três ou quatro companheiros
Como um indiano feiticeiro
Em façanhas, tão rápida quanto ele,
Mas de coração muito mais alegre
Se fossem encenadas suas travessuras
Aos olhos de mil testemunhas
Batendo palmas, com olhares e gritaria,
Por que a pequena Tabby se importaria
Com os aplausos do grupo?
Mais feliz pelo orgulho
Mais rica pelo tesouro
De seu próprio prazer duradouro!

Book of Spells
herbal spells

CAPÍTULO 5

Vivendo com Gatos

Me disseram que o processo de adestramento de gatos era difícil.
Não é. O meu me adestrou em dois dias.

BILL DANA

Viver com gatos traz muitas compensações, mas compartilhar a casa com um felino tem lá seus desafios. (Claro, seus gatos talvez pensem o mesmo sobre conviver com você.) Este capítulo não é um manual de instruções, mas um auxílio prático e mágico para sobreviver e ter êxito com seu companheiro felino – e vice-versa, naturalmente.

Gatos são criaturas maravilhosas, mas, assim como as pessoas, alguns são mais fáceis de lidar do que outros ou têm personalidades mais tranquilas. Alguns gatos possuem, por assim dizer, traços desafiadores que podem ser difíceis em uma convivência duradoura. Eles podem ter maus hábitos, não se dar bem com outros ou, apenas, ser teimosos em termos gerais. (Um gato, teimoso? Até parece. *GATA MAGIA, é com você mesma.*) Escaminhas são bastante famosos por sua "tei-miau-sia", descoberta que fiz com uma gata chamada Luna que simplesmente se recusava a aceitar a ideia de que não iria conseguir tudo o que queria.

Bons e Maus Comportamentos

Se você tem um gato que está causando problemas e dificuldades, há muitas maneiras diferentes para lidar com ele, inclusive mudança comportamental (dê uma olhada nos livros de Jackson Galaxy, entre outros), produtos como o Feliway (um feromônio felino) e conversas com seu veterinário. Entretanto, enquanto busca soluções práticas, você também pode tentar fazer esse feitiço para tranquilidade no lar.

Feitiço para Tranquilidade no Lar

Esse é um bom feitiço para ser executado durante a lua negra, embora possa ser feito sempre que você precisar. Se conseguir fazer o gato ficar com você durante a execução do feitiço, ótimo. Caso contrário – e, sejamos francos, se o gato fosse de colaborar, provavelmente você não precisaria desse feitiço –, os itens pessoais bastarão.

Itens do feitiço: Uma vela branca ou azul-clara, um pouco do pelo do gato-problema ou algo que o simbolize (como um prato de comida ou um retrato), e, se você tiver, uma pedra calmante, como quartzo rosa ou lápis-lazúli (caso contrário, use um pouco de sal para representar terra). Você pode queimar incenso de lavanda ou pingar um pouco de óleo essencial de lavanda na vela. Encha de água uma tigela preta.

Coloque a vela atrás da tigela com água, ponto em que a luz vai atingir a superfície e iluminá-la, e também ao incenso, se estiver em uso. Pingue um pouco de água no pelo do gato (ou em qualquer objeto que você estiver usando) e pronuncie o seguinte feitiço:

Calmo como a água
Suave como o ar
Traga paz a este lar
E a todos que aqui habitam
Forte como a terra
Brilhante como o fogo
Envie calma e tranquilidade
Conforme minha vontade
Pelo macio eriçado
Corrija esse malcomportado
Que a tranquilidade reine
Para que todos a desfrutem

Feitiço para Integrar um Novo Gato

Se surgem tumultos enquanto você tenta integrar um novo gato, é possível fazer uma variação desse feitiço, com o objetivo particular de ajudar seu gatinho novo e os já existentes a se darem bem e a se ajustarem à mudança de circunstâncias.

Calmo como a água
Suave como o ar
Traga paz a este lar
E a todos que aqui habitam
Forte como a terra
Brilhante como o fogo
Envie calma e tranquilidade
Conforme minha vontade
Pelo macio eriçado
Permita o início de uma boa amizade
Que o antigo aceite o novo
No coração de nossa irmandade.

Gatos sempre sabem se as pessoas gostam deles ou não. Nem sempre eles se importam em fazer algo a respeito.

WINIFRED CARRIERE

Recadinho da **Gata Magia**

Lembre-se de que pode ser difícil gatos compartilharem seu território com um estranho. E, sim, você faz parte desse território. Vá devagar e tenha paciência. Se puder, deixe o novo gato separado por um tempo, e dê tempo ao(s) gatinho(s) já da casa para se acostumar(em) com os novos odores. Não deixe de encher seu gato atual de atenção e amor extras, para que ele não se sinta negligenciado ou substituído. E não dê ouvidos a pessoas que dizem para deixar os gatos brigarem até eles estabelecerem a hierarquia. Isso não somente pode levar a ferimentos e contas altas no veterinário como, também, constituir um precedente perigoso. Gritar também não ajuda. Pesquise sobre comportamento felino, deixe os gatos levarem a situação no próprio ritmo, e garanta que todos tenham um lugar seguro para se esconder – inclusive você – quando o berreiro começar.

Pouquíssimos gatos são bonzinhos o tempo todo. Faz parte do charme deles. (É sério, foi a Gata Magia quem me contou.) A verdade é que nem os cães, em sua maioria, são bem-comportados o tempo todo, e eles são muito mais fáceis de adestrar que a maior parte dos felinos. Meus gatos são quase perfeitos (é sério, foi a Gata Magia quem me contou), mas mesmo eles têm seus momentos. Quando Magia era mais jovem, antes de desenvolver artrite e passar a ter dificuldade para saltar a lugares altos, ela tinha uma tendência lastimável de pular na bancada da cozinha enquanto eu preparava o jantar.

Ela não considerava isso um problema. Até onde sei, ela sabia que havia uma regra do tipo "nada de gatos na bancada"; só que não acreditava que se aplicava a ela. Os outros gatos até subiam na bancada, mas, assim que se davam conta de que eu os tinha visto, desciam na mesma hora. Magia, não. Eu estaria cortando um frango ou outra coisa, e ela saltaria na bancada a poucos centímetros de distância. Quando eu dizia "Ei! Não é para você subir aqui! Eu estou aqui", ela se limitava a me lançar aquele olhar egípcio altivo, como quem diz: "Aham. E daí?".

Claro, ela também era inteligente o bastante para descer, quando eu apontasse para o chão e dissesse "DESÇA. AGORA" – no próprio ritmo, é óbvio, só para provar que sempre teve a intenção de fazê-lo.

Nesse caso específico, é meio difícil dizer quem estava adestrando quem. Mas, na maioria das vezes, eu conseguia manter os gatos afastados da bancada, contanto que não fosse boba a ponto de deixar algo excepcionalmente tentador lá em cima. Se você está com dificuldades para impor padrões de bom comportamento a seu(s) gato(s), há regras básicas a seguir. Uma delas é ser claro em relação às regras. Sempre que um gato subia na bancada, eu dizia para ele sair. Eles nunca eram alimentados lá em cima, e às vezes eu borrifava água de garrafa em sua direção. (Após as primeiras vezes, raramente tive de usá-la de fato. Eles sabiam o que significava uma garrafa d'água.) Consistência é importante. Se você aplicar as regras só algumas vezes, não se pode esperar que o gato aprenda o que é e o que não é permitido.

Mantenha a calma e tente não ficar com raiva, mesmo que o gato tenha acabado de rasgar sua cortina favorita. Não leve para o lado pessoal. É gato sendo gato, o que não quer dizer que ele não teria rasgado a cortina de propósito porque você fez algo que o chateou, mas eles são animais, não pessoas, e agem por instinto. Se quiser que um comportamento ruim pare, você precisa descobrir o que o está motivando e reagir de acordo. Na maior parte do tempo, gatos têm motivações bem básicas: raiva, medo, fome, curiosidade, tédio, frustração. Se você conseguir descobrir a causa do comportamento, é mais provável que encontre uma solução.

No caso da Magia, por exemplo, ela não estava saltando na bancada porque queria comida. Ela gostava de supervisionar e queria ver o que eu estava fazendo. Muitas vezes insistia em se sentar no meu ombro enquanto eu cozinhava, para poder ficar observando. Então, arranjei uma banqueta onde ela pôde se sentar e aprendi a deixá-la cheirar os ingredientes. Em geral, ela ficaria entediada após um tempo e sairia. Como eu disse, é difícil afirmar quem está adestrando quem, mas pelo menos ela não subia mais na bancada.

Feitiço para Bom Comportamento

Após tomadas todas as medidas práticas que puder para trabalhar em prol do bom comportamento, você também pode tentar esse feitiço como incentivo.

Se seu gato ficar perto de você durante o feitiço, é ótimo incluí-lo. Caso contrário, é só acender uma vela branca e imaginá-lo se comportando com perfeição. Esse é um bom feitiço para ser feito na lua cheia, embora possa ser executado sempre que necessário.

Itens do feitiço: Uma pedra olho de tigre e um sino pequeno. Se tiver uma estátua de Bastet, você também pode colocá-la à sua frente.

Acenda a vela. Segure a pedra em uma das mãos. Toque o sino uma vez no início do feitiço.

Por favor, gatinho amado
Seja bem (e não mal) comportado
Fique fora de perigos
E lugares proibidos
Nada de rosnar ou brigar
Xixi, só no lugar
Nada de silvar ou berrar
Quebrar ou despedaçar
Gatinho querido, amado
Por favor, tente ser bem-comportado
E ficarei grata
Atenciosamente, sua escrava.

Toque o sino de novo e sopre a vela. Coloque a pedra no seu altar ou no lugar onde o gato anda causando a maioria dos problemas.

Gatos e Adestramento

Ao contrário do que afirma a crença popular, gatos são bastante adestráveis se você tiver paciência e estiver disposto a usar técnicas básicas de mudança comportamental. Gatos, inclusive, já foram treinados para fazer xixi na privada e dar descarga depois, embora eu nunca tenha sido tão ambiciosa em relação aos meus. Em geral, gatos são espertos e aprendem muita coisa por conta própria. Por exemplo, meu gato Místico (que é imenso) ficava em pé sobre as patas traseiras, com uma pata em cada lado da maçaneta do quarto. Claramente ele sabia que era assim que se abria a porta, embora não conseguisse segurar a maçaneta com firmeza suficiente para fazê-la se mover, ainda bem.

Quando eu estava tentando fazer a pequena Luna se comportar (tarefa que se revelou impossível, pois ela realmente queria ser a única gata), trabalhei com um *clicker* e petiscos para lhe ensinar truques simples. Ela saltava em uma banqueta e ficaria sentada, por exemplo, para ganhar um petisco, depois pulava de volta no chão e voltava a se sentar a um comando. Ela aprendeu tão rápido que só tive de usar o *clicker* algumas vezes, depois, simplesmente dizia: "Para cima, Luna" e "Senta".

Na verdade, Luna foi um caso bem interessante (desde que você não estivesse passando por isso). Ela teve todos os tipos de maus comportamentos nos dezoito meses em que ficou comigo, e consegui adestrá-la durante poucos deles. Quando finalmente tive que admitir que Luna precisava morar em um lugar diferente, e encontrei um novo lar conforme o desejo dela – nenhum outro gato e uma casa inteira para correr à vontade, em vez de ficar enfurnada em um quarto a maior parte do tempo para não caçar os outros gatos ou ser caçada por eles –, quase todos esses comportamentos desapareceram.

Eu não consegui acreditar quando sua nova mãe me contou que ela nunca pulava na bancada nem jogava coisas no chão, coisas que fazia com regularidade na minha casa. Nessa situação, a solução foi mudar tudo ao redor dela, o que é bastante drástico. (Felizmente consegui encontrar um novo lar perfeito para ela, e vou visitá-la a cada duas semanas. Houve muita oração envolvida, devo dizer.)

Por sorte, a maioria dos gatos pode ser adestrada para fazer coisas bem razoáveis e, às vezes, uns extras bem divertidos. O truque do Místico era dar pulos em troca de petiscos e apanhá-los no ar entre as duas patas. Magia brinca de pega-pega, se estiver no clima. As duas coisas exigiram um pouco de prática e de paciência da minha parte, mas os gatos quiseram fazê-las, o que é meio caminho andado.

Há muitas coisas que os gatos fazem por instinto, como usar uma caixinha (suas mães ensinam, mas, mesmo sem isso, você pode dar uma caixa ao seu e mostrar como arranhá-la, e geralmente eles entendem a ideia.) Os "truques" da Magia e do Místico se basearam em seu conhecimento instintivo sobre como apanhar uma presa (e brincar com ela). Se você conseguir descobrir maneiras de adestrar um gato que combinem com as inclinações dele, perceberá que as coisas fluirão com muito mais facilidade.

Muitos gatos, como a Luna, também aprenderão a fazer coisas se você der recompensas a eles. Luna é muito voltada para comida, portanto, fazia qualquer coisa por petiscos. Alguns felinos ficam felizes com elogios e atenção. Se você conseguir descobrir o que motiva seu gato, será de grande ajuda.

Independentemente de você estar tentando adestrar um gato para ele parar de fazer coisas ruins ou começar a fazer coisas engraçadas, será preciso paciência e certos *insights* sobre seu próprio gato. Também há vários livros bons por aí, embora o que funcione com um gato possa não funcionar com outro.

Feitiço para Facilitar o Adestramento

Enquanto segue todas as orientações práticas, você também pode testar esse feitiço para fazer as coisas fluírem mais.

Itens do feitiço: Quaisquer livros que você tiver sobre adestramento de gatos ou comportamento felino (se não tiver nenhum, você pode anotar os nomes dos que talvez queira usar – veja recomendações no final desta obra), alguns petiscos em uma tigela, um brinquedo para gatos, uma pequena tigela com água, e uma vela azul ou branca. Se seu gato ficar com você, ótimo. Caso contrário, você pode usar uma foto do gato a quem deseja adestrar ou mentalizá-lo.

Acenda a vela. Enquanto segura o brinquedo, visualize a si mesmo adestrando o felino, depois, visualize-o fazendo sucessivamente o que você quer que ele faça (e não faça). Coloque o brinquedo no altar ou no seu colo, depois, pronuncie o feitiço.

Peço ao universo que me ajude a adestrar este gato
Que ele faça o que é certo, e não destrutivo
Que eu seja amorosamente paciente durante o processo
De modo a termos resultados construtivos
(segure os petiscos)
Ajude o gato a reagir bem a elogios e petiscos
Para que nosso trabalho em conjunto seja divertido
(com os dedos, brinque com um pouco de água)
Que o gato reaja bem a broncas bondosas
Para que tenhamos êxito juntos no adestramento
Que assim seja!

Sopre a vela e dê os petiscos para o gato comer.

Um Gato em Movimento

Poucas coisas são mais traumáticas na vida de um tutor de gatos do que um felino perdido. Ao longo dos anos, vários gatos meus desapareceram (nenhum, porém, desde que comecei a mantê-los dentro de casa, parte do motivo pelo qual tomei essa providência). Alguns deles acabavam voltando, geralmente mais magros e mais avariados. Outros nunca voltaram, e isso partia meu coração e me fazia varar a madrugada pensando no que acontecera com eles.

Se um de seus gatos se perder, tome as providências práticas – ligue para os abrigos e veterinários locais (muitas vezes as pessoas avisam a equipe desses lugares se veem um gato fujão andando por aí, mesmo que não tentem apanhá-lo e levá-lo para dentro), faça cartazes e, talvez, ligue para a estação de rádio local (a nossa divulga anúncios públicos sobre gatos perdidos). Se você tiver mídias sociais, também pode postar uma foto do gato nelas.

Enquanto aguarda, você pode fazer esse feitiço, que é quase uma oração.

Gatos parecem seguir o princípio de que não faz mal pedir o que se quer.

JOSEPH WOOD KRUTCH

Feitiço para Encontrar um Gato Perdido

Itens do feitiço: Uma foto do gato perdido (se você tiver), um pouco do pelo dele (se conseguir encontrar em uma escova, no chão ou nos móveis), um pedaço de papel cortado em forma de coração, uma caneta e uma vela branca. Opcional: uma foto ou estátua de Bastet.

Coloque os objetos à sua frente no altar ou na mesa, depois, acenda a vela branca. No papel, desenhe uma casa (não precisa ser nada elaborado, então, não se preocupe se você não for um artista) com um personagem representando você perto dela; em seguida, escreva o nome do gato dentro da casa. Coloque a foto e o pelo em cima do papel, e pronuncie o feitiço. É possível trocar o nome Bastet pelo de outro deus ou deusa, se houver algum que você siga.

Que essa luz guie (nome do gato) de volta para mim
Que ele ouça o chamado de meu coração
e volte para casa
São e salvo, são e salvo
Bastet, deusa dos gatos, cuide do meu
E mande-o logo de volta para mim
Que essa luz guie (nome do gato) de volta para mim
Que assim seja!

Deixe a vela queimar em um recipiente à prova de fogo até precisar apagá-la. Repita todos os dias até o gato voltar para casa ou ficar claro que provavelmente ele não voltará.

Feitiço para Encontrar uma *Cat Sitter* Perfeita

Alguns gatos são fáceis de deixar quando viajamos. Houve um tempo, quando eu tinha cinco gatos, em que todos entravam e saíam, comiam a mesma comida, comiam *ou não* tudo o que eu deixava para eles desde o primeiro dia, e se viravam bem sem mim. Nessa época, tudo de que eu precisava era que um amigo fosse a minha casa a cada dois dias e desse uma olhada, a fim de garantir que estava tudo bem e que ainda havia água e comida nas tigelas dos bichanos. Moleza.

Hoje em dia, as coisas estão consideravelmente mais complicadas. Tenho menos gatos, mas eles comem em cômodos separados, com medidas diferentes de comida, duas vezes ao dia. Eles não saem, então é preciso limpar as caixas de areia diariamente, e um deles é doente e toma remédios. Por um tempo, até consegui me virar com a visita de um amigo na parte da manhã e à noite. Por causa do gatinho doente (e do grave amuo da Magia quando fico mais de três dias longe, a ponto de ela parar de comer), agora tenho uma pessoa que vem ficar na minha casa.

Os gatos estão muito mais felizes, e me sinto menos culpada por ficar fora para escrever conferências e coisas do tipo. Também sei que, se houver uma emergência médica, minha *cat sitter* vai levar meu gatinho ao veterinário e me mandar a conta depois. Ainda telefono a cada dois dias para verificar, mas tem dado muito certo.

Talvez você não precise fazer tudo isso, mas, se vai ficar fora por mais que dois dias, ou se tem gatos com necessidades especiais, talvez tenha que arrumar uma *cat sitter* (não importa se ela vai ficar na sua casa ou apenas visitar uma ou duas vezes por dia). Sem dúvida, é bom obter recomendações de amigos ou de seu veterinário, mas, se ainda estiver na fase da procura, você pode tentar fazer o feitiço a seguir para ajudar a encontrar a pessoa que cairá como uma luva para cuidar dos seus bebês.

Itens do feitiço: coloque alguns objetos do seu gato, como tigelas de água e comida, e um ou dois brinquedos, em frente a uma agenda de telefones (ou ao celular, se você for da nova geração). Acenda uma vela branca ou azul e diga o seguinte:

Me ajude a encontrar a pessoa perfeita
Para cuidar de meus gatos quando eu viajar.
Mantê-los alimentados e protegidos,
Vê-los dormir e vê-los brincar
Uma pessoa confiável e pontual
Jeitosa e legal
Para ocupar meu lugar até eu voltar.

Feitiço para Viagens Fáceis e Seguras com Gatos

Mais complicado que viajar sem os gatos é viajar *com* eles. Embora alguns felinos adorem cair na estrada – conheço uma pessoa cuja família sempre levava o gato nas férias de verão em seu *trailer* –, a maioria deles não vê com bons olhos ser tirada de seus lares, e dirá isso a você aos berros e várias vezes.

Além disso, é claro, você precisa ter certeza de que consegue mantê-los em segurança. Sou totalmente a favor de deixar o felino dentro de uma gaiolinha ao viajar de carro, não importa o quanto ele proteste ou você ache isso injusto. O motivo é simples: se você se envolver em um acidente, o gato pode ser atirado para vários lados dentro do veículo, e, mesmo que não fique gravemente ferido, é provável que ele fuja se alguém abrir a porta.

Também tive uma amiga que estava atravessando o país (de sua antiga casa para a nova) e deixava que o gato ficasse andando pelo carro. Quando ela parou, o gato saiu pela janela, que só estava com uma pequena fresta aberta para permitir a entrada de ar. Não preciso dizer que ela procurou e procurou, mas o gato nunca foi encontrado. Minha amiga nunca se perdoou, e isso partiu seu coração.

Isso não quer dizer que você não possa levar seu gato quando se mudar ou viajar. Uma amiga autora me apresentou à gata dela em uma convenção da qual participamos, que ficava a poucas horas de carro da casa onde ela morava. A bichana tinha problemas de saúde, e não aceitava que ninguém mais lhe desse o remédio. Felizmente, o hotel em que estávamos hospedadas permitia *pets* por uma pequena taxa extra, então, quando conheci a gatinha, ela estava feliz e acomodada em um quarto com sua própria caixa de areia, comida e uma linda cama grande onde deitar. A única precaução que minha colega autora tomou foi garantir que a camareira não entrasse. A gata parecia bem feliz. (E eu acabei arrumando uma gatinha, mesmo estando longe dos meus bebês.)

Não recomendo levar gatos em viagens, a menos que você precise ou que o bichano seja um desses raros animais que gostam de verdade de viajar. Mas, se você não tiver escolha, certifique-se de mantê-lo o mais seguro possível, levar alguns aromas de casa para ele, e dar remédios se necessário (alguns gatos precisam tomar calmantes, nesse caso, é sempre uma boa ideia que experimentem com antecedência, pois nem todos reagem bem a esses medicamentos.) Para uma camada extra de proteção, faça o feitiço a seguir antes da viagem.

Itens do feitiço: Se vai usar uma gaiolinha para gatos, você pode colocá-la no altar ou perto dele, ou dentro de seu círculo mágico. Você também vai precisar de um dos brinquedos ou itens de cama do seu gato, uma foto dele, um pouco de pelo ou o próprio felino (se ele colaborar), uma pequena tigela com erva-dos-gatos e petiscos, além de um pratinho, um pouco de sal e água, e um ramo de alecrim, alecrim desidratado ou um pouco de óleo essencial de alecrim.

Se estiver usando a gaiolinha, coloque os brinquedos, itens de cama, e a tigela com erva-dos-gatos no topo ou bem na frente dela. Caso contrário, é só usar a mesa ou o chão. Espalhe a erva-dos-gatos sobre os brinquedos, itens de cama e gaiola. Coloque um pouco dela no prato e espalhe sal e água, depois, acrescente o alecrim. Adicione um ou dois petiscos, mantendo-os longe dos outros itens no prato, e então pronuncie o feitiço.

Grande Deusa que cuida dos selvagens e indomados
Cuide do meu gato enquanto viajamos juntos
Ajude meu gato a se sentir confortável e sem medo
Mantenha-o a salvo de danos e traumas
Permita que viajemos tranquilos até o fim do trajeto
E torne a viagem o mais livre de problemas possível.
Que assim seja!

Agora, dê os petiscos ao gato.

Feitiço para Aplacar o Estresse da Mudança

Mudar é difícil para todo mundo – muitas idas e vindas e deslocamentos, além do estresse inevitável. Mas gatos acham mudanças particularmente incômodas, sobretudo quando envolvem o território deles. Ei, eles passam o tempo todo demarcando esse território! E provavelmente você nem perguntou se o seu gato queria se mudar. (Dica: Eles teriam dito não.)

Há coisas que você pode fazer para tentar aliviar o incômodo da mudança. Garanta a segurança do gato durante o processo, sem deixá-lo solto. Defina um espaço na nova casa onde ele se sentirá à vontade, de preferência um com brinquedos e móveis da casa antiga. Dê ao gatinho amor e atenção extra, se puder (eu sei, provavelmente você também estará com os nervos à flor da pele); ele precisa saber que, mesmo que todas as outras coisas tenham mudado, você ainda está por perto.

Se seu gato fica do lado de fora, espere ao menos algumas semanas (se possível, mais que isso) antes de deixá-lo entrar. Se ele não criou vínculos com o novo lar, há uma grande possibilidade de ele sair em busca do antigo, não importa a que distância fique. Anos atrás, tive uma gata que fugiu do apartamento para o qual me mudei e voltou para a casa antiga. Ficava do outro lado da cidade e ela levou meses, mas acabou encontrando o caminho para casa. Felizmente sã e salva, embora estivesse em mau estado quando chegou lá. Tive outros gatos que sumiram depois de mudanças e nunca mais reapareceram. Foi de cortar o coração.

Para evitar ou atenuar o estresse, você também pode testar o feitiço a seguir.

Itens do feitiço: Um pouco de pelo do gato, brinquedos ou algum objeto (uma almofada favorita é o bastante), uma foto da casa antiga e uma da nova (se você tiver; se não, pode anotar os endereços em dois pedaços de papel e colocá-los perto um do outro), e uma vela verde ou marrom. Se o gato ficar com você durante o processo, ótimo, mas não é necessário.

Acenda a vela. Segure o pelo do gato e diga:

Lar é onde o coração está,
mas meu coração está onde quer que você,
(nome do gato), esteja.

Tire os brinquedos ou a almofada de frente da casa antiga e coloque-os em frente à casa nova.

Seu coração e lar estão seguros comigo.
Venha comigo, meu amigo,
e vamos brincar e amar em novos lugares.

Coloque o pelo em frente à casa nova.

Viajaremos juntos, alegres, e farei o melhor
para criar um novo lar maravilhoso para nós.
Deixe ir o velho e venha comigo até o novo.
Olhe, temos um novo espaço divertido para explorar!

Feche os olhos e visualize o gato seguro e feliz em seu novo ambiente, depois, apague a vela.

Dentro ou Fora

Quando eu era criança, todos os nossos gatos ficavam dentro e fora de casa, e saíam para andar por aí a bel-prazer. Então, quando passei a ter meus próprios gatos, também segui essa prática, ao menos até me mudar para a casa onde moro agora. Em minha pequena casa de campo no interior, há todos os tipos de predadores, inclusive coiotes, raposas e falcões grandes, isso sem falar da gente doida que dirige a 80 quilômetros por hora na estradinha estreita em frente a minha casa.

Quando me mudei, eu tinha dois gatos idosos, um deles morrendo de câncer. Foi fácil decidir mantê-los dentro de casa. Então, quando adotei a Minerva e seus filhotes, decidi tentar ter gatos internos. Sempre senti que era meio injusto restringir meus gatos ao ambiente interno, mas eu estava chegando a um ponto em que não tinha mais estrutura para lidar com gatos voltando surrados para casa ou que acabassem não voltando. Descobri que, se eles odiassem a situação, sempre era possível mudar de ideia. Além disso, é claro, a duração média de vida de um gato interno é de doze a quinze anos, e a de um gato que sai é de seis a sete.

Para minha surpresa, eles não ficaram nem um pouco infelizes. Minerva, a única que já tinha saído (Magia e Místico nasceram no abrigo), ficava feliz sentada na janela. E estava errada? Na última escapada, ela voltara grávida e seus donos a levaram a um abrigo. Os gatinhos pareciam totalmente contentes.

As contas da veterinária despencaram, e eu não dava um pulo sempre que ouvia um barulho estranho ou sons de gatos. Como bônus, passei a ter alimentadores de pássaros pela primeira vez na vida. Minha veterinária, aliás, é fã de carteirinha de gatos internos. Ela afirma que eles vivem mais e têm menos problemas (inclusive, nada de pulgas ou carrapatos). E, quando os problemas aparecem, você pode descartar imediatamente todas as possibilidades.

Feitiço para Proteção de Gatos que Saem ao Ar Livre

Deixar ou não deixar os gatos saírem é uma decisão pessoal. Não vou tentar persuadir você de que, só porque decidi o que foi certo para mim e meus gatos, isso dá certo para todo mundo. O que posso afirmar é que não consigo sequer imaginar ter um gato que sai ao ar livre de novo. Não tenho estrutura nem dinheiro para isso. Se você deixa os seus saírem, como fiz durante anos, é bom fazer esse feitiço para proteção extra. (Mas, se seus gatos voltarem para casa com cheiro de gambá, não me culpe.)

Itens do feitiço: Um pouco de pelo do seu gato, um pedaço de unha ou impressão da pata (você pode fazer isso com água – não é preciso enxergar a marca da pata, basta a ideia), um pedaço de papel, uma vela preta, e um pedaço de fita, cordão ou barbante preto. Você também vai precisar de uma pequena quantia de sal em uma tigela e incenso de sálvia em bastão, ou qualquer outro incenso de proteção, como o de alecrim.

Escreva o nome do gato no papel. Se estiver usando uma impressão da pata, coloque-a no mesmo papel. Coloque o pelo e a garra, ou a impressão, no meio do papel. Acenda a vela, circule com a fita o pelo e a garra (ou a impressão), e polvilhe a fita com sal. Defume com o incenso ou o bastão o círculo que você fez, enquanto pronuncia o feitiço.

Mantenha esse gato protegido dos perigos
Quando ele por toda parte vagar,
Com esse talismã e essa magia,
Proteja-o enquanto ele por aí andar.

Curando a Louca dos Gatos

Não sei você, mas eu teria uns dez gatos, se pudesse – talvez mais se tivesse espaço, tempo e dinheiro, coisas que não tenho. Por muitos anos tive cinco, o que provavelmente me levou bem perto do *status* de louca dos gatos (alguns diriam que eu já estava lá). Mas a verdade era que eu tinha espaço, tempo e amor o bastante por todos aqueles felinos, e quase dinheiro o bastante, embora eu tenha me limitado a essa quantidade por muitos anos porque sabia ser o meu limite. Meu objetivo são no máximo três, quando o universo não interfere.

Só você pode avaliar quantos gatos são seu número mágico. A tentação está sempre à espreita para acrescentar só mais um, especialmente quando você vê um filhote fofo ou ouve falar de um gato necessitado. E pode apostar que, se você tem espaço, acolher só mais um gato pode mudar a vida dele para sempre. Mas se não tem espaço, os gatos já existentes provavelmente não se adaptarão bem ou seu senhorio diz "mais um gato e você vai para *o olho da rua*", uma forma de canalizar todo esse amor por felinos é ser voluntário em um abrigo. Assim, você ajuda muitos gatos sem levar todos eles para baixo do seu teto. Quase sempre, abrigos precisam de pessoas para ajudar a limpar, socializar os felinos ou auxiliar nos eventos de adoção.

Se não há um abrigo providencial perto da sua casa ou você não tem tempo (ou, como eu, sabe que acabaria levando para casa metade dos animais), sempre é possível doar a organizações para felinos locais ou nacionais, ou ajudar de outras formas.

Feitiço para Não Virar a Louca dos Gatos (vulgo fazer voluntariado sem adotar)

Quando você anseia por mais gatos, mas não pode tê-los por algum motivo, experimente fazer esse feitiço. Não precisa de nenhum item, embora possa arranjar uma foto de seu(s) gato(s) já existente(s) e acender uma vela branca.

Pegue o amor que tenho por gatos
E me ajude a compartilhá-lo com sabedoria
Adotando apenas aqueles dos quais realmente posso cuidar
E encontrando meios para canalizar
O amor que sinto e que vai além
Para que eu e meus gatos possamos prosperar juntos
Em paz e sem ansiar por mais
Que assim seja!

O Gato de São Jerônimo

Tradicional Cantiga Infantil Inglesa

São Jerônimo, em seu escritório, mantinha um gato preto
e grandinho,
Está sempre em seus retratos, com os pés no tapetinho.
Ele lhe dava leite para beber, em um pratinho?
Quando chegava sexta-feira, ele lhe dava um peixinho?
Se eu perdesse meu gatinho, seria um triste padecer.
Eu perguntaria a São Jerônimo o que deveria fazer.

E o motivo é um só: ele é o único santo
Que conheço que tinha um bichano.

Book of Spells
herbal spells

CAPÍTULO 6

Saúde Felina

O problema é que os gatos têm a mesma expressão,
não importa se estão vendo uma mariposa
ou um assassino com machado.

PAULA POUNDSTONE

Em um mundo perfeito, todos os nossos gatos teriam vidas longas e saudáveis, e morreriam dormindo aos 25 anos, já velhinhos. Nunca ficariam doentes nem feridos, e nunca teríamos que pagar contas caras no veterinário. Não seria legal?

A realidade, é claro, é que, assim como nós, alguns gatos são mais saudáveis que outros. Alguns têm problemas genéticos ou de idade, ou se envolvem em acidentes ou brigas com outros felinos (ou animais selvagens, se eles saírem de casa). Tive quatro gatos diferentes ao longo dos anos que tiveram um ou outro tipo de câncer – como as pessoas, se eles vivem muito, geralmente algo dá errado.

Também tive muitos gatos que viveram muito e suas vidas foram extraordinariamente livres de problemas, portanto, nunca se sabe. Minha mais velha tinha 19 anos, e, apesar de ser uma gata bravia de celeiro quando a peguei e de ir para a rua quase a vida toda, ela praticamente não teve problemas de saúde até logo antes de morrer. Por outro lado, houve a Samhain, que tinha 3 ou 4 anos quando a adotei do abrigo (ela foi abandonada, então, eles não sabiam ao certo) e foi diagnosticada com insuficiência renal crônica dois anos depois, em uma idade incomumente jovem para coisas do tipo. Ela viveu mais seis anos, o que foi impressionante, mas isso só serve para mostrar que nunca se sabe.

Ao levar um gato para casa, você está assumindo um compromisso de cuidar dele na saúde e na doença, o que pode significar um dispêndio substancial de tempo e dinheiro. Isso é algo a considerar ao decidir adotar um gato ou acrescentar um a uma família já existente. Mesmo um gatinho saudável requer cuidados básicos, como vacinação, visitas ocasionais ao veterinário, comida, caixa de areia e tratamentos antipulgas para os que saem. (Além de petiscos, brinquedos, móveis para felinos e tudo o mais.)

É claro que todos nós esperamos que nossos gatos sejam saudáveis e fortes. Há certas coisas que podemos fazer para tornar isso mais provável – visitas anuais ao veterinário podem detectar problemas no início (foi quando a IRC da Samhain foi diagnosticada, porque ela tinha perdido uma quantidade significativa de peso – se não tivéssemos detectado na época, provavelmente ela teria morrido muito antes), e vacinas podem prevenir outros (perdi um gato anos atrás para a leucemia felina, e foi um inferno; se seus gatos saem na rua, privilegie essa vacina acima de todas as outras).

Mantê-los dentro de casa impede que sejam atropelados por carros ou atacados por animais selvagens ou cães, ou que briguem com outros gatos. Castrar ou esterilizar seu felino assim que ele tiver idade não somente o deixa menos propenso a urinar pela casa, sair por aí e se meter em encrencas, como também evita a adição de mais filhotinhos indesejados aos milhares nascidos todo ano e que não encontram lares.

Mesmo gatos de ambientes internos correm perigo por conta de coisas simples que podem ser encontradas pela casa, como produtos de limpeza ou plantas venenosas para eles. Um enfeite da árvore de Natal, se engolido, pode ferir o intestino do gato e matá-lo; o mesmo vale para outros itens aparentemente inofensivos, como fio dental ou lã. Assim como você deixaria a casa à prova de bebês para um novo filho, é uma boa ideia dar uma volta pelo imóvel de olho nos tipos de problemas em que um gato pode se meter. Certifique-se de que coisas perigosas estejam dentro de lugares seguros, como um armário, ou em lugares altos o bastante para o gato alcançar.

Depois de tomar todas as providências práticas, não faz mal lançar um feitiço para boa saúde constante, só para garantir.

Feitiço para Saúde Felina

Itens do feitiço: Uma vela azul em um prato à prova de fogo ou recipiente plano; uma estátua ou foto de Hécate, Bastet ou Sekhmet; ervas de cura, frescas ou desidratadas (calêndula, alecrim, erva-cidreira e lavanda são boas opções); uma foto do seu gato ou uma pequena quantidade de pelos; e algum objeto pontudo para escrever na vela (palito de dente funciona bem). Faça esse feitiço sob a lua cheia, se puder. Opcional: olho de tigre ou lápis-lazúli.

Coloque a foto do seu gato ou o pelo em frente à representação da deusa. Grave o nome do gato na vela e coloque-a à direita do retrato, colocando a pedra à esquerda se estiver usando uma. Acenda a vela e espalhe a erva sobre a foto do gato, depois, diga o seguinte:

Grande Deusa, que cuida dos gatos,
Cuide do meu e o mantenha saudável
Que ele seja forte e capaz
E a doença e os problemas se afastem
Que ele viva até uma velhice confortável
Com seu amor e bênçãos
Grande Deusa, que cuida dos gatos
Cuide do meu e o mantenha saudável.

Esse feitiço pode ser feito para vários gatos de uma vez. É só gravar todos os nomes na vela e usar fotos ou pelos de todos eles.

Feitiço para Cura Felina

Às vezes, não importa o que façamos, algo dá errado. Seja uma doença, um acidente ou um acaso, é difícil ver nossos amados felinos lidando com problemas de saúde. (Uma vez, Místico quebrou um dente na linha gengival e teve que fazer cirurgia para remover o restante, a fim de não infeccionar.) Nenhum feitiço substitui bons cuidados profissionais, mas como bruxas, sabemos que não faz mal pedir uma ajudazinha extra de nossos próprios talentos.

Para isso, você pode invocar Bastet ou Sekhmet, o coração de leão, se houver uma batalha grande pela recuperação do gatinho. Também é possível invocar Hécate, especialmente se o felino for preto. Você também pode invocar Bridget e suas habilidades de cura.

Itens do feitiço: Uma estátua ou foto de Bastet (ou de qualquer deusa que você invoque), uma vela branca ou azul em um prato à prova de fogo (pode usar preta se estiver banindo doenças), uma foto do seu gato ou um pouco de pelo ou bigode, se conseguir encontrar um (dê uma olhada na cama ou no sofá em que o gato costuma se deitar), uma pequena ferramenta pontuda, como um palito de dente (a ponta do seu athame também vai funcionar), óleos essenciais de cura (alecrim, calêndula, erva-cidreira, lavanda) ou ervas desidratadas se você não tiver óleo, um brinquedo do gato ou erva-dos-gatos, um sino e um incenso de sálvia em bastão.

Se possível, olho de tigre, lápis-lazúli ou pedra-de-sangue. (Quando nossos gatos estão doentes ou machucados, às vezes a última coisa que queremos fazer é sair atrás de um monte de itens para feitiço. Se você estiver muito chateado ou a situação for urgente, sempre é possível pronunciar o feitiço e pensar no gato com a mente e o coração.)

Grave o nome do gato na vela e unte-a com o óleo essencial, visualizando o felino saudável e feliz. Se estiver usando ervas desidratadas, esfregue-as na vela de cima a baixo ou espalhe-as no prato onde a vela vai ficar. Coloque a pedra em frente à estátua ou foto da deusa como uma oferenda. Coloque o pelo/bigode no prato com a vela, e defume esses itens e a foto do gato usando o bastão de sálvia, visualizando a doença ou o ferimento se afastando, juntamente com qualquer medo ou estresse que o animal possa estar vivenciando.

Acenda a vela e segure a erva-dos-gatos ou o brinquedo em uma das mãos, depois, pronuncie o feitiço:

Sábia deusa, amável deusa,
Cure o gato que está na minha mente
Dê-lhe todas as forças para lutar
Cura de dia, cura de noite
Cura de noite, cura de dia
Até que ele esteja bem o bastante para brincar

(joque o brinquedo para cima e para baixo ou espalhe a erva-dos-gatos no prato com a vela, e toque o sino)

Que assim seja
Que assim seja
Que assim seja!

(toque o sino de novo)

Recadinho da **Gata Magia**

Ficar doente não é nada divertido para um gato. Não sabemos dizer onde dói ou avisar você se estamos nos sentindo mal sem tomarmos medidas drásticas, como vomitar no seu sapato. (Pessoalmente, descobri que essa aí é bastante eficaz.) Dependemos de nossos humanos para cuidarem de nós, mas em geral ficamos tão surtados que não somos tão colaborativos como podemos ser quando nos sentimos melhor. Por favor, tenha paciência com a gente, e tente não levar para o lado pessoal os silvos, uivos e eventuais patadas. Lá no fundo, somos gratos. Juro que somos.

Feitiço para Uma Boa Visita ao Veterinário

Independentemente de o gato estar saudável e estiver fazendo visita de rotina ou lidando com um problema ou crise crônica, ir ao veterinário é, muitas vezes, chato e traumático para você e para ele. Alguns gatos pulam felizes e contentes dentro da caixa de transporte e vão visitar o veterinário numa boa. Se os seus gatos forem assim, espero que você seja grato!

Os meus são mais normais, ou seja, é uma luta fazê-los entrar na caixa de transporte em casa. Fiquei famosa por passar vinte minutos correndo atrás do Angus pela casa porque ele sabia, fisicamente, que eu ia tentar colocá-lo na caixa naquele mesmíssimo minuto, ainda que ela tivesse ficado fora por dias. Não sei ao certo qual de nós ficou mais traumatizado. (Tá bom, foi ele, mas por um triz.) Magia e Místico chegam a dormir na caixa se eu tirá-la antes... até o momento em que eu realmente quiser que eles entrem nela!

Então, quando chegam ao veterinário, muitas vezes resistem a sair da caixa de transporte. Místico era tão impossível de tirar sem ficar ferido que acabei tendo de comprar uma com abertura no topo, para não termos de desmontá-la todas as vezes. Além disso, é claro, os uivos duram todo o trajeto até o consultório.

E tudo isso antes de a veterinária sequer começar os exames ou sacar uma agulha ou o tal termômetro. (Pobre gatinho.) O feitiço a seguir é simples, e pode ser feito na noite anterior à visita ao veterinário ou enquanto você se apronta para sair. Se fizer na noite anterior, você pode acender uma vela branca. Se não, nem se incomode, já que provavelmente vai esquecer a vela acesa enquanto corre atrás do gato para pegá-lo e sai porta afora!

Deus e Deusa, ouçam meu desejo
Que meu gato e eu tenhamos um bom desfecho
Que o veterinário seja gentil e sensato
Sem notícias ruins ou preço elevado
Mantenham meu gato bastante calmo
Até voltarmos para casa, sãos e salvos.

Feitiço para Proteção contra Pragas

Se seus gatos saem na rua, você terá que se preocupar com pragas: pulgas, carrapatos, vermes, todo tipo de parasitas nojentos que podem ser chatos e perigosos para a saúde do seu felino. (E para a sua, se eles trouxerem essas pragas para dentro.) Tenho de admitir: um dos melhores efeitos colaterais de não deixar que meus gatos saiam na rua é não ter mais que combater as malditas pulgas! (Mas uma vez o Angus as trouxe para casa do veterinário e, depois, fez a gentileza de transmiti-las a todos os outros gatos.)

Hoje em dia há muitos tratamentos contra pragas, e a prevenção é o melhor deles. Pulgas e carrapatos desenvolveram imunidade a alguns dos tratamentos que vigoraram por um tempo, portanto, não deixe de verificar com seu veterinário os mais atuais e melhores. Gatos com problemas de saúde podem não conseguir tolerar os tratamentos mais potentes (e eficazes); a Samhain já estava lutando contra a insuficiência renal quando Angus trouxe pulgas para casa, então o remédio foi usar um pente fino nela até a infestação passar.

De qualquer modo, é muito mais fácil prevenir pragas do que se livrar delas. Portanto, assim que você tomar todas as providências práticas, experimente acrescentar esse feitiço como camada extra de proteção.

Itens do feitiço: Um símbolo de prevenção contra pragas (pode ser um pente fino, o tubo ou caixa de um tratamento medicamentoso, remédio contra vermes ou qualquer coisa que você tiver à mão), uma foto da praga que deseja evitar (é possível fazer um desenho tosco ou imprimir do computador) com um grande X preto por cima, uma vela preta e um pouco de pelo do seu gato (opcional).

Coloque tudo na frente da vela e acenda-a, depois pronuncie o feitiço enquanto visualiza seu gato cercado por uma luz branca protetora que repele todos os parasitas.

Não às pulgas e carrapatos
Não a tudo que cause asco
Não a pragas rastejantes à espreita
Não a todas as nojeiras
Proteja e livre meu felino amigo
De todos os insetos que me incomodam!

Apague a vela e faça carinho no seu gato.

As únicas fugas dos mistérios da vida são a música e os gatos.

ALBERT SCHWEITZER

Remédios Naturais para Gatos

Dependendo dos problemas de saúde que o gato está enfrentando, pode haver opções naturais a remédios ou tratamentos alternativos complementares para acompanhar a prescrição do seu veterinário. Como sempre, é bom você confirmar com o veterinário para garantir que nada oferecido ao seu gato tenha efeitos colaterais negativos quando misturado aos remédios dele, e ter certeza de que, não importa o que esteja usando, o produto é de fato seguro para felinos – algumas coisas inofensivas para pessoas, e até para cães, podem ser fatais para gatos.

Por exemplo, há analgésicos para cães com artrite, mas nenhum é seguro para uso prolongado em gatos. Mas existem suplementos feitos de glucosamina e condroitina, os mesmos que muita gente toma para artrite. Gata Magia tomou um desses por alguns anos, e acredito que ajuda. Li que cúrcuma também pode ajudar, embora não tenhamos testado. Além de soluções práticas, é claro, como colocar escadas para gatos ao lado da mesa e da escrivaninha, e um pufe em frente ao sofá para facilitar o acesso dela a lugares onde não consegue mais pular. Camas aquecidas podem ser um alívio para gatos idosos, doentes ou com dores, também. (Não use almofadas térmicas comuns; elas podem ser quentes demais para gatos.)

Felinos constipados podem tomar remédios para ajudar, mas você também pode acrescentar abóbora à ração deles, que são ricas em fibras. (Alguns gatos gostam, outros não.) Acredite ou não, gatos também podem usar Miralax sem prescrição médica, mas verifique com seu veterinário a dosagem. Para filhotes que precisem tomar antibiótico, suplementos acidófilos podem ajudá-los a ficar livres de incômodos digestivos (um bom conselho para pessoas também). Mas não use iogurte, já que laticínios não fazem bem para gatos.

Cranberry em pó ou suco sem açúcar pode ajudar filhotes com infecções recorrentes no trato urinário, se você conseguir fazê-los tomar o produto (embora minha veterinária recomende alimentação especial, já que cranberry não é a praia dela). Aumentar a ingestão de líquidos também ajuda. Quando Místico e Angus começaram a ter ITU, minha

veterinária sugeriu a compra de uma fonte para felinos, pois sabe-se que gatos bebem mais água proveniente de fontes em movimento. No início, não acreditei, mas depois vi que era verdade. Agora tenho uma fonte de cerâmica para felinos na sala de estar e uma de metal na cozinha. (As mais baratas são as de plástico, mas, na minha experiência, elas ficam esburacadas e difíceis de limpar.)

Algumas ervas calmantes mais seguras para gatos são a erva-dos-gatos (alguns felinos ficam hiperativos, outros, relaxados, portanto, você terá que ver como seu gato reage), valeriana, camomila e lúpulo. Desde que Místico ficou doente, seu brinquedo favorito é uma coruja com enchimento de valeriana que um amigo entendido em gatos deu para nós. Na verdade, às vezes ele dorme com a cabeça apoiada nela, como se fosse um travesseirinho tranquilizante. Outro bom calmante é o floral de Bach Rescue Remedy, mais uma essência floral do que uma erva. Uso a versão para humanos para mim mesma e juro que funciona. Mas é bom você adquirir a versão sem álcool para *pets* para dar ao gato. Você pode colocar algumas gotas na água, diretamente na boca ou, mesmo, esfregar um pouco nas orelhas.

Para gatos ariscos ou com problemas de comportamento, você pode tentar o Feliway, um produto que contém feromônios felinos capazes de acalmar gatos e reduzir a demarcação de território ou urinas em locais impróprios, brigas com outros gatos ou, simplesmente, acalmar o bichano.

Há quem jure que funciona. Se você gosta da ideia de essências florais, como as de Bach, o especialista em comportamento felino Jackson Galaxy (que tem um programa no Animal Planet chamado *Meu Gato Endiabrado*) tem sua própria linha de suplementos essenciais, inclusive, testei alguns quando tentava integrar Luna a casa. Safe Space, Bully Solution e Peacemaker foram alguns que experimentei. Acho que eles de fato ajudaram, mesmo que, no fim, não tenham sido suficientes.

Se você usar ervas nos seus gatos, colocá-las num travesseiro ou brinquedo geralmente será suficiente. Muitas são seguras se ingeridas desidratadas, mas não use óleos essenciais, que são potentes demais e podem matar o gato.

Acrescentar levedo de cerveja à ração pode ajudar a repelir pulgas. Mas não dê alho ao gato (embora eu tenha visto várias vezes essa sugestão, pode ser difícil acertar a quantidade segura). O alimento pode ser bom para cães, mas pode gerar anemia em gatos quando as quantidades usadas são grandes demais.

Um dos melhores tratamentos para bolas de pelos é uma boa escovadela. A maioria dos gatos gosta, e eles ficarão felizes com os mimos. E não se esqueça de que fazer carinho em gatos é bom para eles e para você!

Acredite ou não, também existem acupunturistas, quiropratas e massoterapeutas para gatos. Já que todas essas coisas ajudam, eu as usaria de bom grado nos meus gatos se elas estivessem disponíveis na minha cidadezinha rural. Acho válido explorar todas as opções quando o assunto é cuidar da saúde do seu bichano.

Se estiver interessado em explorar mais a fundo as opções naturais, experimente livros como *The Veterinarians' Guide to Natural Remedies*, de Martin Zucker, ou *The Natural Cat*, de Anitra Frazier.

Há presente maior do que o amor de um gato?

CHARLES DICKENS

Ao Gato da Sra. Reynolds

John Keats

Ó, gato, que ultrapassaste o grandioso climatério,
Quantos camundongos e ratos já comeste?
Quais petiscos roubaste? Olha para mim e veste
De verde-fraco teus olhos de mistério.
Levanta as orelhas aveludadas, mas não queiras
Cravar-me tuas garras latentes,
Mia com candor, e conta as sorrateiras
Presas de peixes, ratos, pintinhos em meio aos dentes.
Não baixes o olhar, nem lambas agora
As patas, apesar da asma e das agruras
Da cauda de cetim que não tens; e, embora
As criadas duras te enxotassem dos abrigos
Com castigos, teu pelo suave como antes continua,
Tal quando desviavas nos muros dos cacos de vidro.

Book of Spells
herbal spells

CAPÍTULO 7

Amor e Perda

Para certas almas cegas, todos os gatos são muito parecidos.
Para quem ama gatos, cada felino, desde os primórdios,
foi total e incrivelmente único.

JENNY DE VRIES

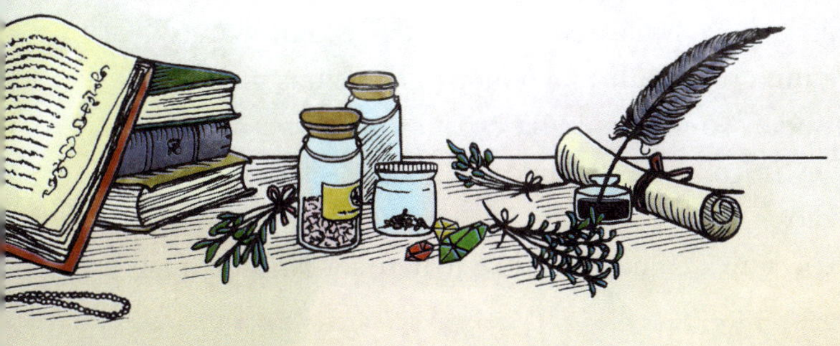

Confesso, só aqui entre nós, que amamos gatos, que foi difícil escrever este capítulo. Não há nada "teórico" ou "hipotético" sobre amor e perda para mim quando se trata dos meus felinos. Amei muitos, mas, no fim, perdi quase todos, e não há como evitar a verdade: é doloroso. Por outro lado, obviamente eu não arranjaria mais gatos se não acreditasse que cada momento de dor é recompensado mil vezes mais pela alegria de tê-los na minha vida. Pelo menos para mim, a bênção de ter um gato é muito maior que a tristeza final inevitável, quando tenho de deixá-lo ir embora.

Infelizmente, lidar com a perda de um gato amado tem sido a norma para mim nos últimos anos. Perdi minha linda malhada, Samhain, três dias após o Natal de 2015, depois de seis anos de batalha contra a insuficiência renal crônica. Sua passagem foi repentina, mas eu já sabia que ela estava perdendo a batalha. Quando perdi Minerva, mãe do Místico e da Magia, pouco mais de um ano depois, em março de 2016, foi uma batalha brutal ao longo de alguns meses que veio do nada. No momento da escrita deste livro, no verão de 2017, Místico vai declinando aos poucos – tomando cinco remédios e soros periódicos, ele está dando seu máximo, mas a expectativa é que, quando este livro for lançado, meu meninão cinza também terá partido, aos 15 anos, uma idade de respeito, mas não avançada o suficiente.

Se você já perdeu um gato, sabe que nunca fica mais fácil. Na melhor das hipóteses, pode aprender a desapegar com mais graça, e no tempo do gato, não do seu. Se é que aprendi alguma coisa com os anos, provavelmente foi isto: não manter um gato vivo para mim quando ele ou ela está pronto para ir embora. Tudo bem chorar. Faço isso sempre, mesmo que raramente chore por outras coisas. Tudo bem sentir que não é justo, que os deuses deveriam ter dado mais um dia, semana ou ano. Eu me sinto assim todas as vezes.

Não há nada que eu possa dizer nas páginas deste livro que fará diminuir a dor. Essa é a verdade, e não vou fingir. Perder um gato é *uma merda*. (Sim, esse é o termo técnico mágico.) Mas pode ser, eu disse *pode ser*, que esses feitiços ajudem um pouquinho se você tiver que deixar ir um de seus amados bebês peludos. Talvez, como eu, você encontre algum consolo ao lembrar que a roda continua girando e, assim esperamos, mais cedo ou mais tarde acabará nos trazendo de volta nossos entes queridos, nesta vida ou na outra. E, uma vez que eles cruzam a Ponte do Arco-Íris, não estarão mais sofrendo ou com dor, mas livres para correr e brincar como faziam quando eram jovens e felizes.

Acredito que os gatos com quem compartilhamos a vida são um presente dos deuses – um presente tão maravilhoso que só o recebemos a cada poucos anos e, portanto, precisamos agradecer por todo o tempo que passamos com eles. Quando esse tempo chegar ao fim, espero que você ache os feitiços a seguir úteis.

Feitiço para Facilitar a Passagem de um Gato

Aí está você. O momento tão temido chegou, e seu amado companheiro está atingindo o fim da linha. Se você for como eu, daria tudo para tornar essa transição mais fácil para ambos, mas especialmente para seu gato.

Você pode fazer esse feitiço em conjunto com um ritual ou, se as coisas estão acontecendo depressa, é só pronunciá-lo como uma oração.

Itens do feitiço: Uma vela branca e uma preta (se você tiver só duas brancas, é só amarrar uma fita ou um barbante preto em volta da base de uma delas), uma ferramenta pontuda (como um athame ou um palito de dente), óleo essencial de alecrim e um ramo de alecrim fresco (se você não tiver o óleo, use a erva fresca), uma flor de sua preferência e uma foto do seu gato. Opcional: uma estátua de Bastet ou de outra divindade que você siga.

Escreva o nome do gato na vela branca e esfregue-a com o óleo de alecrim ou a erva. Faça o mesmo com a vela preta. Se quiser, você também pode desenhar um coração ou o símbolo da runa Gifu (que se parece com um X e muitas vezes representa um presente), ou qualquer outra coisa que tenha significado para você. Coloque a foto do gato em frente às duas velas, e coloque a flor e o ramo de alecrim onde consiga alcançá-los. Se puder deixar o gato com você ou ao redor, ótimo, mas não é necessário.

Acenda a vela branca e diga:

Meu amado (nome do gato),
você foi um presente e uma bênção.

Coloque o alecrim na frente da vela branca. Diga:

Esse alecrim é uma lembrança
de que nunca vou me esquecer da alegria
que você trouxe à minha vida. Você caminhará comigo
pelo resto da minha vida.

Acenda a vela preta e diga:

Meu amado (nome do gato),
os deuses me deram você
e agora o devolvo ao cuidado amoroso deles.

Coloque a flor na frente da vela. Diga:

Não há perda verdadeira quando existe amor.
Deixo-o ir para que possa seguir em frente
no momento que você escolher.
Que os deuses apaziguem sua passagem
assim como sua presença apaziguou minha vida.

Apague a vela branca. Mantenha a vela preta acesa o tempo que for necessário ou coloque-a para queimar em algum lugar seguro.

Ritual para Permitir que um Gato se Vá

Chris, minha irmã de círculo, faz esse ritual simples para deixar o espírito de um gato (ou de qualquer outro animal) ir embora após a passagem, especialmente se ela sente que ele está oscilando e não consegue partir.

Se você tiver as cinzas ou restos remanescentes do gato, fique perto deles. Ou saia ao ar livre sob o céu aberto. Acenda uma vela branca e converse com carinho com o animal recém-falecido, garantindo a ele que está tudo bem seguir em frente. Você pode usar essas palavras ou quaisquer outras que lhe parecerem adequadas no momento; repita quantas vezes achar necessário.

Tudo bem ir embora. Eu te amo,
mas seu tempo aqui acabou
e eu o liberto.

Assim como as pessoas, alguns gatos parecem seguir em frente tão logo fazem a passagem, e outros continuam aqui – às vezes por um período curto, algumas vezes durante anos. Quando Samhain morreu, por algum tempo tive uma clara impressão de sua presença. (Antes disso, meus outros gatos não agiam assim.)

Ela morreu em casa de repente, em uma noite de domingo – provavelmente de um coágulo sanguíneo instantâneo, que pode acontecer em gatinhos na etapa final da insuficiência renal. Fiquei totalmente sem chão e passei a maior parte da madrugada perto dela, seu corpo ainda aninhado na cama aquecida (agora fora da tomada) que ela tanto amava. A primeira coisa que fiz de manhã foi levá-la à veterinária, que chegou cedo para cuidar da situação (bendita seja), e ela e minha melhor amiga vieram e ficaram comigo enquanto eu preenchia a papelada para cremar Samhain.

Você precisa saber que eu cremei todos os meus gatos – não consigo pensar neles embaixo da terra, embora conheça muita gente que prefira enterrar seus gatinhos – e que sempre os enviei para cremações coletivas, que são muito menos onerosas. Nunca vi motivo para guardar as cinzas, já que sabia que o gato, na verdade, não estava mais lá. Isso nunca foi problema, até essa última vez.

Enquanto eu preenchia a papelada, minha caneta pairava sobre o espaço para marcar "cremação coletiva", mas eu simplesmente não conseguia preenchê-lo. Tive a forte sensação de que Samhain queria voltar para casa – e *muito*. Ela era tão teimosa na morte quanto o fora na vida. Não fazia o menor sentido para mim, mas, tão logo preenchi a opção "cremação particular", me senti muito melhor. Fizesse ou não sentido, ficou muito claro que não era apenas meu luto falando; Samhain estava me dizendo que esse era seu desejo.

E de fato, quando finalmente consegui pegar a caixa com suas cinzas algumas semanas depois e colocá-la no meu altar, tive uma sensação próxima de paz desde que eu a perdera. Sem dúvida, foi a comunicação mais clara que tive de um gato após a morte. Durante meses, senti a presença dela pela casa, e desconfio de que vez ou outra ela vem dar uma espiada, provavelmente para garantir que ainda estou fazendo o que ela me mandou.

Gatos. Eles mandam em mim quando estão vivos e, pelo jeito, às vezes até quando mortos.

Feitiço para se Comunicar com o Espírito de um Gato

Se você quer tentar se comunicar com o espírito de um gato que faleceu, pode testar o feitiço a seguir. Não fique chateado se não funcionar da primeira vez que testar ou se não sair conforme você esperava. Afinal, gatos fazem o que querem e quando querem, não importa o quê. Esse é um dos motivos por que os amamos, certo?

Itens do feitiço: Uma foto do seu gato, uma vela preta, um pêndulo (se não tiver um, você pode fazer um pêndulo simples de corda e clipe de papel) e uma tigela preta com água. Ajuda se você tiver um pouco de pelo do gato ou bigodes, mas não é necessário. Opcional: alguns petiscos ou brinquedos favoritos do gato. Esse é um bom feitiço para fazer na lua cheia, se possível com a tigela em um local que possa receber o luar, dentro ou fora de casa.

Esse feitiço foi feito para oferecer duas opções diferentes de comunicação. Se uma não funcionar, talvez a outra funcione. Depois de pronunciar o feitiço, você pode olhar dentro da tigela e ver se alguma imagem aparece (provavelmente será fraca, e nem todo mundo é bom em clarividência, então não se preocupe se não funcionar para você).

Você também pode usar o pêndulo, pois, sejamos francos, gato não gosta de coisas que balançam. Antes de começar, teste o pêndulo para verificar como ele reage, já que isso pode variar. Faça uma pergunta cuja resposta seja afirmativa ("Meu nome é Deborah?") e veja se o objeto balança de um lado para o outro ou em movimento circular. Em seguida, faça uma pergunta cuja resposta seja negativa ("Eu moro na Lua?"); o pêndulo deve se mover na direção oposta; por exemplo, para trás e para a frente, ou em círculo na direção contrária.

Recadinho da **Gata Magia**

Não se esqueça de que gatos também ficam de luto. Quando minha mãe Minerva morreu, meu irmão Místico e eu ficamos sem chão e sem rumo por meses. Precisávamos de amor e atenção extra, e paciência quando surtávamos. Além disso, muitos e muitos petiscos. Só estou dizendo. Lembre-se de que, se você perde um gato, os outros na casa também podem ficar chateados com a perda, dependendo da dinâmica entre os membros de sua família felina. Não se surpreenda se os gatos remanescentes ficarem tristes e saírem em busca do que se foi. Às vezes, se resta apenas um gato, ele se sente solitário; talvez seja bom considerar adotar outro para lhe fazer companhia. Pessoalmente, eu só queria mais petiscos, então, depende do gato.

Depois de fazer o feitiço, sente-se bem ereto e segure o pêndulo à sua frente com dois dedos, deixando-o balançar. Em seguida, pergunte ao gato se ele está presente. Se o pêndulo se mexer, tente fazer perguntas específicas (Você está contente? Voltará para mim um dia em outra forma?). É só lembrar que as respostas têm que ser sim ou não.

Também é bom você se abrir a outras formas de comunicação. Você pode, simplesmente, sentir a presença do gato, ou sentir que ele esbarrou no seu corpo ou lhe deu um tapinha leve com a pata. Ou ele pode quebrar alguma coisa. Gato sendo gato.

Silencie a mente o máximo possível. Coloque todos os itens na sua frente e acenda a vela. Em seguida, pronuncie o feitiço e tente um dos dois métodos de comunicação. Você precisa ter paciência – gatos não vêm na mesma hora em que você os chama, vêm?

(Nome do gato), sinto sua falta
(Nome do gato), eu o chamo
Venha até mim se puder, pequenino
Fale comigo com sua vozinha
Toque-me com sua patinha. Avise-me se estiver aqui
(Nome do gato), sinto sua falta
(Nome do gato), eu o chamo
Com amor no coração, Peço que me visite
Aqui, gatinho, aqui. Miau!

Meditação para Afastar o Luto

Se existe uma coisa que aprendi com a perda de entes queridos – humanos e felinos – é que o luto é uma entidade viva. É diferente a cada situação, totalmente imprevisível, e leva o tempo necessário para seguir seu curso. Às vezes, deixar ir é mais fácil do que se esperava. Outras, é tão atroz que você sente que nunca mais vai conseguir voltar a respirar fundo.

E não permita que ninguém diga que você não deve prantear seu amado companheiro peludo, como o faria com qualquer membro da família ou amigo. Ainda que sejamos mais apegados a uns gatos do que a outros, para muitos de nós os felinos são praticamente uma extensão de nosso corpo, e perdê-los pode causar uma sensação de membros cortados – sem a vantagem da anestesia.

Não se pode ignorar ou apressar o luto... mas também não dá para permitir que ele o impeça de tocar a vida, e às vezes temos dificuldade para deixar ir. Se você está lutando contra isso, experimente fazer a meditação a seguir. Espero que ajude.

Encontre um lugar tranquilo onde não seja incomodado. Você pode fazer a meditação em uma noite de lua cheia ou negra, ou no meio de um dia ensolarado, o que parecer mais adequado. Se quiser, coloque uma música de fundo, contanto que de natureza meditativa. Opcional: defume-se com sálvia antes e depois, com uma vara de incenso, e lave as mãos e o rosto em uma tigela com água. Você também pode acender uma vela branca e olhá-la fixamente em vez de fechar os olhos, se preferir.

Sente-se em uma posição confortável. Feche os olhos ou deixe-os relaxados enquanto contempla a vela. Faça três respirações lentas e profundas. Ao expirar, visualize nuvens de luto cinza se dissipando a cada respiração. Repita algumas vezes até as nuvens ficarem mais claras. Visualize o gato que você está pranteando, mas veja-o nos dias mais felizes. Lembre-se de como o gato ronronava para você e sinta o ronronar em sintonia, enchendo seu coração de amor.

Envie amor ao gato, depois, envie um pouco a você também, um abraço mental como se estivesse abraçando uma criança de coração partido. Fique alguns instantes sentindo todo esse amor, depois, faça mais três respirações profundas e expire devagar. Sinta sua energia ficando mais leve a cada respiração. Abra os olhos e expire profundamente mais uma vez, sentindo-se mais leve e um pouco mais tranquilo.

Repita com a frequência que achar necessária.

Tempo algum pode apagar a lembrança de um bom gato, e nenhuma quantia de fita crepe pode remover totalmente os pelos dele do seu sofá.

LEO DWORKEN

Minha Gata Preta

Deborah Blake

Minha gata preta, sábia e misteriosa
De olhos reluzentes e pelagem lustrosa
De língua áspera e patas macias
É para você que canto minhas melodias
Minha gata preta, querida e veraz
Como amo o que você faz!
Acordando-me com o dia a raiar
Lembrando-me como dormir e como brincar

Minha gata preta, minha joia amada
Lamento cada momento de você afastada
E com alegria beijo seu nariz querido
Quando a vejo ressurgindo
Seu ronronar acalma minha alma triste
Sua presença torna meu espírito livre
Benditos os deuses que te enviaram, gatinha
Eu te amo, da cauda até a orelhinha!

Book of Spells
herbal spells

CAPÍTULO 8

Criando Laços com seu Gato

Passar o tempo com gatos
nunca é perda de tempo.

SIGMUND FREUD

Algumas vezes, ao adotar um novo gato, a conexão é instantânea e mútua. Outras vezes, sobretudo se o animal teve experiências ruins com pessoas, o processo pode ser longo e difícil, sendo necessário paciência e compreensão.

Além disso, é claro, todos os gatos têm personalidade e preferências próprias, e nem sempre você descobre quais são elas até o bichano ir morar na sua casa. Mesmo que você tenha sabido com antecedência dos problemas, pode ser complicado prever quanto tempo vai levar para superá-los – se é que eles serão superados, aliás. Às vezes, você só tem que aprender a aceitar certas características dos seus felinos, como o fato de serem medrosos ou mandões (é com você *de novo*, Gata Magia).

Quando trouxe a mamãe-gata Minerva para casa, junto com os filhotes Magia e Místico, os gatinhos e eu nos entrosamos na mesma hora. Eles passavam um bom tempo brincando comigo, dormindo em cima de mim ou me mordendo. Com a Minerva, porém, foi tudo muito diferente. O pessoal do abrigo acreditava que ela tivesse sofrido maus-tratos de seus tutores anteriores, e tendo a concordar, embora não há como ter certeza.

Sem sombra de dúvida, ela estava totalmente assustada (é claro que ficar meses trancada em uma gaiola no abrigo também deve ter sido bem traumático). Nunca ficava à vontade perto de estranhos, e a maioria das pessoas que vinha à minha casa nunca a via, porque ela se escondia no meu quarto sempre que qualquer um que não fosse meus amigos mais íntimos vinha visitar.

Desde o início, eu a deixei fazer as coisas no seu próprio ritmo. Incentivei-a a confiar em mim, mas não forcei a barra. Na verdade, levou dois anos para ela se sentar espontaneamente no meu colo, embora de vez em quando eu a colocasse ali e depois a deixasse sair correndo. É claro que, depois de decidir que meu colo era um lugar legal, ela quis ficar nele o tempo todo. Acabou passando a madrugada nele, até o dia em que morreu dormindo encostada no meu quadril.

O truque com a Minerva foi muita paciência e deixá-la fazer as coisas no seu tempo. No fim, ela e eu criamos um vínculo muito forte, embora ela nunca tenha se conectado com mais ninguém (exceto com os filhotes, a quem se dedicava mesmo depois que cresceram).

Angus, que adotei alguns anos depois, estava no abrigo desde que tinha sete semanas de vida. Ele tinha sete meses quando o achei lá. O simpático pessoal do abrigo me alertou, quando o conheci, que ele era tímido e não iria a lugar algum comigo. Fui ao cômodo que ele compartilhava com cerca de vinte outros gatos e me sentei no chão.

Não cheguei perto dele, embora tenha feito barulhos discretos de incentivo. E, claro, ele veio direto até mim, pediu carinho e depois ronronou mais alto que qualquer gato que eu já tinha ouvido em toda a vida. Ficamos uns dez minutos sentados ali daquele jeito, até eu fazer um movimento brusco e *vrum* – lá se foi o gatinho. O pessoal do abrigo tinha entendido errado; Angus não era tímido, era assustado. Na verdade, era arisco em um nível quase insano, coisa que ele nunca perdeu e com que ainda estamos lidando dez anos depois. (Você pode pensar que ele aprenderia que eu nunca tentaria matá-lo, só que não.) Timidez é dureza. Com sustos eu soube lidar, principalmente me movendo devagar e tentando não o assustar.

Assim como lidar com pessoas, criar vínculos com gatos exige paciência, compreensão e boa vontade para aceitá-los como são. Minerva nunca ia deixar de ter medo; só tive que estabelecer uma conexão profunda o bastante para ela não ter medo de mim. Angus sempre será arisco, portanto, tive que aprender a me conectar com ele do seu jeito, e não ficar magoada pelo fato de vez ou outra ele me olhar como se eu fosse uma mistura de Jack, o Estripador com o Bicho-Papão e fugir para se esconder – pelo menos até os petiscos aparecerem.

Quanto à Gata Magia, bem, temos uma dessas conexões especiais e raras que acontecem uma vez na vida, outra na morte. Amo todos os meus gatos, mas nem se questiona que pertenço mais a ela do que a qualquer outro. É só perguntar a ela. A conexão simplesmente aconteceu, sem nenhum esforço da minha parte. Se tiver sorte, você também terá um desses, mas, para todos os outros que dão um pouco mais de trabalho, seguem alguns feitiços para ajudar a criar as mais profundas, saudáveis e positivas conexões com seus gatos, não importa a personalidade ou as preferências deles.

Recadinho da **Gata Magia**

Uma coisinha sobre os gatos: não dá para obrigar a gente a fazer tudo. Você pode pedir com educação. Pode oferecer suborno (sempre é bom); pode barganhar, convencer e implorar. Mas não pode forçar um gato a amar você, gostar de você ou, mesmo, tolerá-lo se ele não quiser. O que você pode fazer é ser gentil e paciente, e passar um tempo descobrindo por que reagimos de um modo ou de outro a certas coisas. Se conseguir descobrir o que motiva um gato – seja medo ou más experiências, fome ou cansaço, ou então desejo por afeto e atenção –, provavelmente poderá dar o que ele precisa para se sentir seguro e contente. Você achará muito mais fácil criar uma conexão com um felino se levar um tempo para compreender o que ele está pedindo e dar isso a ele (contanto que seja seguro e razoável). Agora, sobre aquele suborno...

Feitiço para Criar Laços com um Novo Gato

Os primeiros dias, semanas e meses com um gato novo são cruciais para consolidar o vínculo que você e o bichano terão durante o resto do tempo que passarem juntos. Isso não significa que, se as coisas forem difíceis no começo, elas sempre serão assim; muitas vezes leva tempo para os gatos se adaptarem a novas pessoas e circunstâncias. Alguns, como a Minerva, são lentos para confiar.

Não obstante, assim como você está aprendendo sobre seu novo companheiro nesses dias iniciais, ele também está aprendendo sobre você. Paciência e tato são de suma importância, e, como em qualquer outro tipo de relacionamento, a comunicação clara é a chave. Se há regras na casa que o gatinho deve conhecer, você precisa aplicá-las imediatamente e reforçá-las com tato, mas consistência.

Por exemplo, se você tiver uma regra "nada de gatos na bancada ou na mesa", precisa mostrá-la ao gato assim que ele entrar pela porta. Não deixe o felino andar na mesa por uma semana porque está tentando ser boazinha para depois começar a gritar para ele descer. Isso só vai confundir a cabecinha dele. (Fora que gritar faz mal. Isso só os deixa assustados. E, sim, ainda grito com os meus de vez em quando, mas só no calor do momento.)

Seja firme e consistente e, se necessário, recompense o bom comportamento com petiscos e atenção (gatos diferentes são motivados por coisas diferentes, portanto, uma de suas tarefas nos primeiros dias é descobrir o que motiva seu novo felino, a fim de usar isso para ajudar no adestramento). Mas, acima de tudo, seja amável e dê o espaço de que ele precisa para descobrir como se sentir seguro nesse novo lugar.

Ao tentar se comunicar com um novo gato, talvez você precise ir devagar – cada felino tem personalidade própria, e, ainda que alguns se tornem seus melhores amigos desde o início, outros podem demorar para quebrar o gelo. Se esse é o caso, aqui está um feitiço para ajudar você a se conectar com seu novo gato.

Você não precisa de nenhum objeto para esse feitiço, embora sempre possa acender uma vela branca ou amarela em frente a uma estátua de Bastet se tiver uma. Faça o feitiço no mesmo cômodo em que o gato estiver, mesmo que ele não se sente com ou perto de você, e fale devagar e com clareza. Se conseguir, faça contato visual com o gatinho enquanto pronuncia o feitiço.

Bem-vindo, (nome do gato), a seu novo lar
Sou sua humana, pode entrar
Saiba que está seguro aqui
Com amor pra dar e vender
Mal posso esperar para te conhecer

Enquanto inspeciona tudo
Que é novo para você
No local e nessa conexão
Prometo cuidar de você
Do começo ao fim
Espero que goste daqui
E seja meu novo amigo
Bem-vindo, (nome do gato), abençoado seja
Sou sua humana – venha falar comigo!

Estenda a mão – com alguns petiscos, talvez – e veja se o gato vem se sentar ao seu lado. Se sim, um pouco de carinho nesse momento será ótimo.

Vivendo com Gatos Ariscos

Meu gato amarelo Angus Mac (em homenagem ao deus celta Aengus Mac e ao MacGyver, da televisão, que era um amante, e não um lutador) é um gato arisco. Não me entenda mal – ele é um amor e afetuoso, e, se você ficar parado e deixá-lo se aproximar no próprio ritmo, o bichano vai compensá-lo com o ronronar mais alto da sua vida, além de muitas esfregadelas e cabeçadas. Até você se mover um milímetro ou, deus o livre, espirrar. Então, ele corre tão rápido que você só consegue ver poeira.

Angus é uma contradição estranha; em essência, é um gato feliz, animado, afetuoso, mas também surta com facilidade. (Nem me fale nos quatro meses em que ele teve uma infecção ocular difícil de sarar, e eu tive que aplicar colírio e pomada em um único olho todos os dias. Eu passava um tempão tentando demonstrar que não me aproximaria dele, e ele passava muito tempo dormindo com o olho são aberto e escondido embaixo dos móveis.)

Ao contrário de alguns gatos, que são medrosos porque alguma coisa aconteceu com eles, aparentemente essa é a personalidade natural de Angus. Ele foi levado ao abrigo com sete semanas de vida, e morou lá até eu trazê-lo para casa aos sete meses de idade; o abrigo é adorável, então, ninguém fez nada de ruim com ele. O *hardware* dele é assim, e pronto.

Minerva, que adotei de um abrigo diferente, também era muito medrosa, mas o pessoal de lá me contou que ela talvez tivesse sofrido maus-tratos, e depois de ficar com ela um tempo tive que concordar. (Pelo visto, seus antigos humanos, uns "amores", a levaram ao abrigo e disseram: "Essa gata maldita engravidou. Fiquem com ela".)

Como mencionei antes, levou dois anos para ela se sentar no meu colo, e ela nunca ficou à vontade perto de homens. Na verdade, ela se escondia na maior parte do tempo em que havia pessoas na minha casa, exceto das poucas que vinham com frequência suficiente para ela conhecê-las. As pessoas perguntavam "Quantos gatos você tem?" porque eu tinha cinco, mas, em geral, elas só viam a Magia e o Místico.

Com o tempo, consegui fazer Minerva parar de ter medo de mim e de poucos amigos mais íntimos, mas, em termos gerais, ela nunca deixou de ser uma gata medrosa. Fiz o melhor que pude para deixá-la à vontade e não colocá-la em situações que poderiam lhe causar medo, exceto coisas inevitáveis como visitas ao veterinário. Ela era uma gata tímida e sensível, e nada do que eu fizesse mudaria isso. Felizmente isso não foi um problema para nós na maioria das vezes, mas houve momentos em que o medo dela era patente, e eu me sentia péssima por não haver mais nada que pudesse fazer. Ela foi um dos principais motivos pela realocação da Luna, por mais que eu a amasse, pois Luna estava tão decidida a ser a gata dominante que aterrorizava a pobre Minerva. Não era justo, e não houve meios para melhorar a situação (acredite, eu tentei).

Se você tem um gato medroso, há algumas coisas que pode tentar fazer além do método óbvio de paciência e amor. Certifique-se de que o gato tem um lugar onde possa se esconder ou se sentir seguro. No caso da Minerva, era o meu quarto. Angus se escondia embaixo dos móveis, mas alguns gatos preferem lugares mais altos (era o que a Samhain fazia quando o gigante Místico corria atrás dela; por ser bem leve e pequena, ela conseguia saltar em lugares que ele não alcançava).

Jackson Galaxy tem um livro interessante chamado *Catification: Designing a Stylish Home For Your Cat (and You!)*, em coautoria com Kate Benjamin, em que mostra várias maneiras de criar espaços para os gatos na sua vida. Vale a pena dar uma olhada, e também nas essências florais da linha dele. Você também pode conversar com seu veterinário se a situação for grave. Conheço pessoas cujos gatos reagiram muito bem ao Prozac (sim, gatos também tomam), embora a esperança seja sempre na brevidade da situação, e não que o gato vá ficar nela para sempre.

Galaxy e Benjamin dão muitos detalhes sobre como criar o tipo de ambiente certo para seus gatos, independentemente das possíveis necessidades especiais que eles tenham. Por exemplo, há gatos que gostam de ficar em lugares altos. Galaxy chama esses felinos de "moradores do terceiro andar", e mostra várias maneiras de deixá-los à vontade, inclusive estradas suspensas – basicamente, estantes e plataformas que eles podem usar para percorrer o cômodo sem sequer tocar o chão.

Outros gatos, afirma o autor, são "moradores de arbustos", que preferem se camuflar e se esconder. Gatos tímidos ou doentes muitas vezes vão preferir locais embaixo de sofás, mesas ou cadeiras. Angus, quando não está no topo do lugar mais alto da árvore para gatos (aonde ele vai quando se sente tranquilo), às vezes se enfia embaixo do cobertor na cama, e tudo o que se pode ver é um calombo engraçado nas cobertas.

É de extrema importância comunicar-se com gatos medrosos, embora provavelmente seja preciso muito mais esforço do que com os fáceis de lidar. E o motivo, como você já deve ter presenciado na própria vida, é que é difícil escutar quando se está surtando. Basicamente, tudo o que se ouve é a voz alta dentro da cabeça dizendo "Oh, não! Oh, não! Medoooo!". O mesmo vale para gatos. Se você já tentou se aproximar de um gato bravio, sabe que pode levar dias, semanas ou até meses para ele começar a deixá-lo chegar perto o bastante para conversar.

Mas você também pode se comunicar com linguagem corporal. Envie ao felino a mensagem de que você é seguro e inofensivo movendo-se devagar, se conseguir, e mantendo o corpo agachado para ficar menos intimidador. Não deixe de falar em um tom de voz baixo e calmo, e não faça nenhum movimento brusco. Comida e petiscos comunicam boa vontade, mas talvez você tenha de deixá-los no chão e se afastar lentamente até uma distância que o gato considere segura.

Feitiço para Acalmar um Gato Medroso

A paciência é a chave para se comunicar com um gato medroso, seja um bravio do qual você está tentando se aproximar, ou um dos seus próprios felinos que tenha problemas. Lembre-se de que gatos são sensíveis ao que não é dito, e, se você estiver se sentindo frustrado ou incomodado, provavelmente eles vão captar isso. O lado bom é que isso também significa que, se você se concentrar em enviar sentimentos de amor e aceitação, a esperança é que eles também percebam.

Você também pode tentar fazer esse feitiço, cujo objetivo é acalmar o gato para a comunicação ocorrer com maior fluidez entre vocês. Se possível, faça o feitiço no cômodo em que o gato estiver, mas, se não conseguir, pode usar uma foto (se o felino ficar parado o tempo suficiente para você tirar uma) ou gravar o nome dele na vela que você usar.

Esse feitiço também pode ser usado para construir confiança com um gato bravio. Nesse caso, provavelmente você não terá um nome ou uma foto, mas ainda pode visualizá-lo na sua mente.

Itens do feitiço: Uma vela amarela para comunicação (se o gato estiver no cômodo com você e ele tende a fazer movimentos bruscos, certifique-se de colocar a vela em um local seguro, mesmo que não consiga fazer o restante do feitiço bem de frente para a vela após acendê-la), um pouco de pelo ou um bigode, ou um pedaço da garra do gato, se possível – caso contrário, pode usar o pratinho de comida ou outra coisa que lhe pertença, uma almofadinha com erva-dos-gatos ou um brinquedo com essa erva (valeriana também funciona, há gatos que gostam mais dela do que de erva-dos-gatos), um olho de tigre, quartzo rosa ou cristal de quartzo, alguns petiscos para gatos (há quem fabrique alguns específicos para acalmar, então, se conseguir achá-los, perfeito).

Se você vai gravar o nome do gato na vela, faça isso. Depois, coloque-a no seu altar ou em um lugar seguro, e ponha o pelo/garra/bigode do gato em frente a ela. Acenda a vela, sente-se em uma cadeira confortável ou almofada onde o gato possa ficar tentado a se sentar com você. Coloque a almofada ou o brinquedo com a erva-dos-gatos à sua frente e segure a pedra em uma das mãos. Deixe os petiscos por perto. Se o gato se aproximar enquanto você estiver pronunciando o feitiço, dê os petiscos a ele (se ele não chegar perto, os dê depois – a energia do feitiço ainda estará impregnada neles). Fale em voz baixa e calma:

Meu gato, meu querido
Fique calmo, fique tranquilo
Saiba que está em boas mãos
Eu o manterei a salvo do perigo
Silêncio, meu gato, meu amor, meu amigo
Não há nada a temer aqui
Acalme-se e fique tranquilo
Você está seguro quando está comigo.

Continue sentado e veja se o gato vem até você. Se a vela estiver em um recipiente seguro, você pode deixá-la queimar; se não, apague-a. Você pode fazer esse feitiço todos os dias se necessário, ou repeti-lo sem a vela sempre que estiver com o gato.

Feitiço de Cura para um Gato que Passou por Momentos Difíceis

Como a minha Minerva, às vezes você acabará lidando com um gato que passou por maus momentos. Pode ser qualquer tipo de coisa, de maus-tratos e doenças à perda do tutor anterior. Tal como as pessoas, gatos precisam de tempo e espaço para se curar do trauma, além de muito amor. Você também pode tentar fazer esse feitiço de cura.

Esse é um daqueles feitiços simples que funcionam como oração e magia ao mesmo tempo. Grave o nome do gato em uma vela azul ou branca, símbolos de cura (como a runa nórdica Uruz), ou mesmo a palavra "cura". Se quiser, unte a vela com óleo essencial de lavanda ou polvilhe um pouco de erva-dos-gatos em torno dela. Em seguida, acenda a vela e visualize uma luz branca brilhante de cura em volta do gato, antes de pronunciar o feitiço.

Bênção, pequenino
Cura, pequenino
Estou ao seu lado, (nome do gato)
Enviando amor, calor e conforto
Estou ao seu lado
Fique bem!

Apague a vela.

Feitiço para Amor e Compreensão Mútuos

Nem todo gato se conecta imediatamente com você. Se você tem um felino com quem está tendo dificuldades de comunicação – ou um que está com dificuldades para se comunicar com você –, experimente esse feitiço para aliviar as tensões e facilitar a comunicação mútua, amor e compreensão.

Itens do feitiço: Um pedaço pequeno de tecido e uma fita ou barbante para amarrar (se você tiver algo amarelo, perfeito, mas qualquer cor vai funcionar – materiais naturais como algodão, lã ou seda são melhores), pelo do seu gato, um pouco de seu próprio cabelo, uma vela amarela ou branca em um prato à prova de fogo ou porta-velas, erva-dos-gatos, lavanda desidratada ou pétalas de rosa, e uma ferramenta pontuda como um athame ou um palito de dentes. Opcional: uma ametista pequena ou quartzo rosa (uma pedra lapidada ou lascas servirão).

Grave na vela o seu nome e o do gato perto um do outro, lado a lado, depois, desenhe um símbolo do infinito (como um oito "deitado") ao redor dos dois nomes, a fim de conectá-los. Coloque o tecido à sua frente, com os outros itens perto. Acenda a vela.

Estamos juntos nessa, (nome do gato)
Você e eu, separados, mas nos esforçando,
Tentando encontrar o caminho rumo ao outro
No coração e na mente
Saiba que ouço você
Saiba que amo você
Que possamos nos unir em amor e compreensão
E clara comunicação.

Misture seu cabelo e o pelo do gato no meio do tecido, adicione as ervas e a pedra, se estiver usando uma. Amarre o tecido com a fita ou o barbante para fazer um amuleto, e segure o saquinho nas mãos.

De agora em diante, será mais fácil
De agora em diante, não estamos afastados
Mas unidos
Em amor e compreensão
E respeito mútuo
Você é meu gato e eu, seu humano
Que assim seja!

Deixe a vela queimar enquanto for seguro, e coloque o saquinho no seu altar ou em algum lugar por onde você e seu gato transitem com frequência. Se necessário, repita o feitiço enquanto segura o amuleto.

Feitiço para Lidar com um Gato Difícil

Gatos não são difíceis de propósito. Bem, a maioria não. Eles têm personalidade e histórias próprias, e nem todos são uns amores o tempo todo. Isso não quer dizer que você não o ame, mas pode ser fácil ficar frustrado ou chateado com um gato que causa problemas repetidas vezes.

Apenas se lembre de que, assim como crianças difíceis, gatos difíceis muitas vezes precisam ainda mais de amor do que felinos facilmente amáveis.

Às vezes, gatos são difíceis simplesmente porque essa é a natureza deles. Em outros casos, é porque há problemas com a situação deles – problemas com outros felinos, pouca atenção ou um sem-número de outras possibilidades. Luna era muito difícil na minha casa, e está só um pouquinho problemática (sobretudo pela teimosia) em seu novo lar. Também ajudou o fato de eu ter descoberto maneiras de levá-la a fazer o que eu queria sem ter de forçá-la, o que apenas a fazia recuar ainda mais.

Com qualquer gato cujo comportamento estiver fora da norma e causando tumulto na casa, é uma boa ideia observar e verificar os gatilhos e, depois, cuidar para suprimi-los.

Se você está lidando com um gato que o deixa meio maluco às vezes, esse feitiço pode ajudá-lo a ser mais paciente e compreensivo... e, se tiver sorte, até a deixar o gato um pouquinho menos difícil. Nunca se sabe.

Itens do feitiço: Uma foto do gato, um pouco de pelo ou um bigode ou garra solta (se conseguir encontrar), uma vela azul-clara ou rosa (para calma e amizade), olho de tigre ou quartzo rosa, um brinquedo com erva-dos-gatos, alguns petiscos para o gato e um biscoito ou outra guloseima para você.

Coloque o brinquedo na frente da vela e ponha o pelo, a pedra e os petiscos perto dela. O pelo é para vincular o brinquedo ao gato, e a pedra e a vela, para impregná-lo de energia tranquilizante. Os petiscos (o seu e o do gato) simbolizam as recompensas por ser menos difícil (o gato) e mais paciente (você).

Acenda a vela e pronuncie o feitiço com voz firme, mas calma. Se o gato estiver no cômodo, olhe para ele enquanto recita.

Bom comportamento e temperamento meigo
Deusa, proteja meu filho encrenqueiro
Temperamento doce e longa paciência
Ambos ganhamos petiscos de nossa preferência!

Sente-se por um momento e visualize o gato bonzinho e você lidando com calma e tranquilidade com quaisquer problemas. Em seguida, coma o biscoito. Se o gato estiver perto, dê a ele os petiscos. Então, segure o brinquedo com a erva-dos-gatos e prossiga:

Que o tumulto vire alegria
E dê felicidade a cada dia!

Apague a vela e dê ao gato o brinquedo com erva-dos--gatos. O feitiço pode ser repetido sem nenhum item sempre que necessário.

No fundo, somos motivados
pelas mesmas urgências.
Gatos têm coragem de viver com base nelas.

JIM DAVIS

Meditação para Conexão com Gatos

Se você conseguir fazer essa meditação com o gato no mesmo cômodo ou, melhor ainda, na mesma cama ou cadeira, excelente. Converse com ele por alguns minutos e faça carinho. Mas, caso isso não seja possível, ainda vale a pena meditar. Tenho quase certeza de que os felinos podem nos ouvir pensando neles a dois cômodos de distância.

Feche os olhos, sente-se numa postura confortável e acalme a mente o máximo que puder. Faça respirações longas, lentas e profundas. Pense em como seria se você fosse um gato e não tivesse nada para fazer nesse exato instante. Aprofunde o relaxamento, como se não tivesse mais nada importante para fazer além de tomar um solzinho. Visualize-se como um gato olhando fixamente nos olhos de seu próprio gato. Ao imaginar, pisque os olhos devagar, como os gatos fazem. Boceje abrindo bem a boca. Em seguida, estenda uma pata e toque no seu gato. Sinta a conexão entre seus olhos, suas mentes, suas mãos/patas. Permaneça um tempo nessa conexão, sentindo o ir e vir do amor entre vocês. Depois, quando achar que é o momento, abra os olhos e faça um bom alongamento, como um felino. Dê carinho ou alguns petiscos ao seu gato, e veja se consegue perceber alguma diferença na conexão entre vocês.

Comunicar-se com gatos é difícil, mas não impossível, apesar de a maioria de nós não ser fluente em gatês. (Gatos, é claro, entendem muito bem nosso idioma. Eles apenas optam por ignorar o que dizemos que não envolva comida, elogios ou se não dermos o que querem.)

A bem da verdade, os gatos se comunicam conosco o tempo todo. Postura, posições das orelhas, movimentos da cauda e vocalizações têm significados. Algumas são óbvias, como chiados, que significam "afaste-se". Outras são mais sutis, como o miado específico que significa "estou com dor" em vez de "estou com fome". Se você prestar atenção nos seus gatos, vai entrar em sintonia com as nuances particulares deles.

Observe seu gato por um tempo. Quando relaxado, como ele fica? (A cauda enrolada no corpo? Olhos semiabertos?) E quando está incomodado? (Orelhas para trás? Pelagem estufada? Cauda rígida?) Se você tiver um gato novo, reserve um tempo para descobrir como são esses humores e perceba o que ele está comunicando ao longo do dia.

Se você é gateiro de primeira viagem ou está lidando com um gato problemático, dê uma olhada em especialistas em comportamento felino, como Jackson Galaxy, ou peça sugestões a seu veterinário sobre a melhor maneira de entender o que seu bichano está tentando dizer. (Dica: se você estiver na cozinha e o gato começar a miar alto, há uma boa chance de a mensagem ser "Quero um pouco disso aí que você está comendo".)

Lembre-se de que o amor é uma linguagem que você e seu gato falam. Não tenha pressa em fazer carinho ou afagá-lo, converse com ele com voz afetuosa, dê petiscos eventuais a ele, e provavelmente o bichano o recompensará com ronronados, esfregadas de cabeça (ao fazer isso, ele está colocando o próprio cheiro em você e transformando-o no humano dele) e chamegos.

Se houver pontos de sol espalhados pelo chão, o gato vai encontrá-los e tomá-los.

JOAN ASPER MCINTOSH

Antiga Oração Russa

Anônimo

Senhor, ouça nossa oração a todos os animais
Que eles sejam bem nutridos, bem adestrados e felizes;
Proteja-os da fome, do medo e do sofrimento;
E, oremos, proteja sobretudo, querido Senhor,
O gatinho que se encontra em nosso lar,
Guarde-o quando ele sair por aí
E traga-o de volta para nos confortar.

Book of Spells
herbal spells

CAPÍTULO 9

O Gato como Auxiliar

Conheci muitos pensadores e muitos gatos, mas a sabedoria dos felinos é infinitamente superior.

HIPPOLYTE TAINE

Nem todo auxiliar é gato, e nem todo gato é auxiliar, mas não há dúvida de que não é incomum uma bruxa ter um gato que a auxilie. Mas o que é exatamente um auxiliar, e como saber se seu(s) gato(s) gosta(m) de uma magiazinha?

Do ponto de vista histórico, acreditava-se que auxiliares eram duendes ou demônios disfarçados que ajudavam suas mestras bruxas a lançar feitiços maléficos. Ainda que alguns gatos meus possam ser endiabrados vez ou outra, suspeito que a maioria das pessoas hoje em dia não aceitaria essa antiga superstição como fato. (Pelo menos, assim espero.)

É provável que haja outras definições, mas pessoalmente considero um auxiliar qualquer animal que tenha afinidade com trabalhos de magia e cede sua energia a esses trabalhos. O melhor exemplo que posso citar é minha gata preta Magia. (Eu já falei que você precisa ter cuidado ao escolher o nome do seu gato, não falei?)

Até poucos anos atrás, havia cinco gatos em casa, mas Magia é a única que eu consideraria minha auxiliar. Mesmo que vez ou outra algum dos outros demonstrasse certo interesse enquanto eu fazia certos trabalhos com magia (Minerva ficava uivando quando eu recitava feitiços, por exemplo... será que ela estava recitando comigo?), na maior parte do tempo eles ignoravam.

Magia, por outro lado, sempre se junta a mim e ao Círculo da Lua Azul quando fazemos rituais dentro de casa. (Meus gatos não saem, mas tenho certeza de que ela ficaria feliz em se juntar a nós do lado de fora também.) Podemos dar umas voltinhas e bater um papo rápido na sala de estar, onde fazemos nossos rituais a portas fechadas, mas, tão logo nos reunimos em volta do altar, Magia vem correndo de onde quer que esteja se escondendo. Ela dá duas ou três voltas ao redor do altar, que é uma mesa baixa redonda, e dos que estão de pé em volta dele – sempre em sentido horário, como convém, como se nos dissesse que podemos começar. Em seguida, ou ela se senta embaixo do altar (às vezes no meu colo, se estivermos em almofadas) ou se aninha no respaldo do sofá, onde pode supervisionar em confortável esplendor. Assim que acabamos, ela desce e sai da sala. Falamos, em tom de brincadeira, que é assim que sabemos que o ritual terminou, mas é incrível como ela faz isso com tanta constância. Claramente ela sabe o que está fazendo. Se isso não é um auxiliar, não sei o que pode ser.

Desconfio, embora não saiba ao certo, de que há algo na energia da magia que atrai a gata. Ela também me ajuda quando trabalho com cura energética. Ela insiste – miando alto – em subir na maca de massagem que uso, e fica em cima do meu cliente recebendo a cura... exatamente na parte do corpo que mais necessita de ajuda. Ela é incrivelmente precisa também nesse aspecto.

Imagine só, minha gata Samhain também fazia o trabalho de cura, mas nunca demonstrou interesse real pelos lances de magia, portanto, talvez a energia *seja* diferente e nem todos os gatos se sintam atraídos por ambas.

Gatos, assim como borboletas, não precisam de pretextos.

ROBERT A. HEINLEIN

Feitiço para Encontrar seu Auxiliar

O que quer que torne o gato um auxiliar, não há como forçar isso a acontecer; um gato ou é ou não é um auxiliar. Isso posto, você pode usar esse feitiço para pedir aos deuses que o ajudem a encontrar um auxiliar. Após fazer o feitiço, não deixe de prestar atenção aos gatos com que você entrou em contato, para ver se um deles é a resposta ao seu pedido.

Itens do feitiço: uma vela preta (pode ser branca, também), um símbolo de seu trabalho mágico (como um athame ou seu grimório), e uma foto ou estátua de um gato.

Acenda a vela e visualize-se praticando magia com um gato ao lado, o que quer que isso signifique para você. Em seguida, pronuncie o feitiço.

Deus e Deusa, ouçam meu pedido
Que meu gato perfeito esteja comigo
Um que será meu auxiliar
E da minha vida mágica compartilhará.

Recadinho da **Gata Magia**

Ter um gato auxiliar é ótimo. Todo mundo sabe. Mas não seria justo tentar forçar um a agir como companheiro de magia se ele não estiver disposto ou interessado. Também não é boa ideia adotar um gato porque você quer um auxiliar. A menos que esteja preparado para amar e cuidar de um animal, independentemente de ele se interessar ou não por trabalhos com magia, não leve um para casa. E, se você tiver sorte o bastante para ter um felino que seja auxiliar, nunca peça a ele que faça nada perigoso nem o exponha a ervas, ou outros itens mágicos, que possam conter veneno, a menos que você esteja por perto, supervisionando o tempo todo. Tome cuidado redobrado com velas e outras chamas, também. Gato não combina com fogo.

Bênção Simples para Gatos

Depois de encontrar seu auxiliar, ou se você já tiver um com quem deseje aprimorar seu vínculo mágico, pode fazer essa bênção para gatos. Acenda uma vela branca ou rosa em um lugar seguro que o animal não alcance, então, diga essa bênção colocando a(s) mão(s) no gato. Observação: essa bênção também pode ser feita para gatos que não são auxiliares.

Gato, eu o abençoo
Com todo meu poder de bruxa
Com todo meu coração amoroso
Com a lua acima
E a terra abaixo
Eu o abençoo com saúde
E com felicidade
Que você possa ficar ao meu lado
Na magia, na alegria e na harmonia
Que assim seja!

Ritual Auxiliar para Aumento de Poder

Um dos motivos pelos quais as bruxas têm auxiliares é porque, na teoria, isso aumenta o poder delas. Se deseja dar um *up* no seu poder mágico, você pode fazer esse ritual simples com o gato que atua como seu auxiliar.

Se quiser, você pode fazer um círculo formal, invocando o Deus e a Deusa, e invocando os quatro quadrantes. Se não, é só colocar os objetos no altar ou em uma mesa pequena, e convidar o gato para se juntar a você.

Itens do feitiço: um quartzo de cristal, uma tigela pequena com água, um pratinho com sal, um incenso de sálvia em bastão, uma vela vermelha e o gato.

Acenda a vela e diga:

Com o poder do fogo, chamo o espírito desse gato,
(nome do gato), para aumentar meu poder de bruxa.

Segure o cristal por um instante, depois, deixe o gato tocá-lo ou cheirá-lo. Diga:

Com o poder da terra e a energia
dessa pedra mágica, aumento meu poder de bruxa.

Com cuidado, pingue algumas gotas de água no gato, ou toque-a gentilmente no focinho do felino. Diga:

Com o poder da água, peço que meu poder
de bruxa seja tão fluido e flexível como esse gato.

Acenda o incenso de sálvia em bastão e circule-o com cuidado ao redor de si mesmo e, depois, do gato (observando se há brasas que se soltam). Diga:

Com essa erva sagrada e o poder do ar,
declaro minha intenção de trabalhar
para aumentar meu poder de bruxa.
Agradeço aos deuses pela dádiva desse auxiliar
e pelo poder que o gato me traz.
Que assim seja!

Apague o incenso e a vela, e trate o gatinho com bastante afeto.

O que os Gatos Veem: Auras, Espíritos e Mais

Se você tem um gato, provavelmente notou que vez ou outra ele olha para algo que você não consegue enxergar. Às vezes, se você se aproxima o bastante, talvez descubra alguma coisa que explique esse comportamento peculiar: um inseto pequeno ou um ponto de luz no chão, ou um som de arranhões que indica ratos dentro da parede. Entretanto, muitas vezes, fica claro que eles estão olhando para algo, embora não saibamos o que é esse "algo".

Como meros humanos, podemos apenas supor o que eles estão vendo e como. Sendo bruxas, temos quase certeza de que os gatos são sensíveis a certos elementos que não são percebidos com frequência por pessoas. Eles estão vendo fantasmas ou fadas? Se ficam encarando você por um longo tempo quando não está fazendo nada de interessante, será que estão olhando para sua aura? Se sim, o que eles veem? A verdade é que não sabemos. Podemos observar o comportamento dos gatos e afirmar que estão vendo ou sentindo algo muito óbvio para eles. Frequentemente me pego pensando que eles devem achar bizarra nossa falta de percepção quando perguntamos "O que diacho você está olhando?".

Se você é uma pessoa particularmente sensível, talvez tenha uma ideia do que seu gato está vendo, mas, para o restante de nós, esse continuará sendo um dos mistérios mágicos que tornam os gatos tão maravilhosos.

Misturando Gatos e Magia: Precauções

Como a Gata Magia apontou anteriormente, há certas precauções que você precisará tomar ao fazer trabalhos mágicos com seu companheiro felino.

A maioria das ferramentas que usamos para feitiços é segura – cristais, por exemplo, não são um problema, a menos que sejam totalmente redondos, e nesse caso talvez você tenha de catá-los pelo chão. Entretanto, há objetos que podem ser problemáticos e podem exigir cuidados especiais por causa do seu gato.

Ervas, em particular, podem ser um risco para gatos curiosos. Muitas são inofensivas, mas é sempre uma boa ideia verificar antes de usá-las em um ritual em que seu auxiliar estará presente. Lembre-se: só porque algo é seguro para humanos, não quer dizer que seja para gatos menores com fígados mais sensíveis.

Gata Magia, por exemplo, tem uma queda particular por sálvia. Felizmente a erva é inofensiva, mas, se eu montar o altar na mesa com antecedência e colocar o bastão de sálvia com todos os outros objetos, inevitavelmente, quando eu voltar para a sala, vou encontrar: (a) uma gata na mesa do altar com cara de inocente, ou (b) folhas de sálvia mastigadas espalhadas pela mesa e no chão. Isso já virou piada no meu grupo, e aprendemos a esperar até antes do ritual para tirar o bastão de sálvia do armário onde guardo meus itens para magia.

Gatos também são atraídos por certos óleos essenciais, como hortelã-pimenta, que está relacionado à erva-dos-gatos. Mesmo que uma erva seja segura na forma seca ou desidratada, óleos essenciais concentrados podem ser excessivos para o sistema digestório dos felinos, portanto, tome cuidado. Às vezes, uso algumas gotas de óleo essencial com água em um difusor, e gatos podem pôr a língua nesse objeto mais depressa do que você imagina. Incensos fortes podem incomodar os pulmões, sobretudo em cômodos sem ventilação.

Fogo, é claro, é particularmente perigoso. Se você estiver usando velas perto de um gato auxiliar, certifique-se de que elas estejam altas o bastante para ele não alcançar, em recipientes seguros, ou de saber com exatidão que o felino não vai se aproximar delas. Uma vez, um gato meu chamuscou a cauda porque ela se arqueou sobre uma vela e, pelo visto, o bichano não sentiu o calor. Foi só quando senti cheiro de pelo queimado que percebi o problema. (Felizmente, tirando alguns pelos chamuscados, o gato estava bem. Meus nervos, por outro lado, levaram semanas para se recuperar.) Eu jamais recomendaria deixar um auxiliar perto do fogo a céu aberto, como uma fogueira.

Também há perigos que talvez você não tenha em mente, como fios ou barbantes. Todos sabemos que gatos adoram esses tipos de coisa, e muitas vezes brincam com eles em segurança. Mas fios ou barbantes finos podem ser engolidos e se enrolar no intestino deles, o que pode ser fatal. Fitas grossas são mais seguras, mas não se surpreenda se seu gato achar que elas são brinquedos, e não um item mágico para o seu feitiço.

Lembrete: não quero dizer que você não pode usar fio, fita ou barbante nos seus feitiços – faço isso o tempo todo. Apenas tome cuidado para seu gato não chegar perto deles.

Um athame afiado pode causar cortes acidentais no seu auxiliar, embora muitas dessas ferramentas sejam cegas e, portanto, seguras. Mangas de vestido tipo "morcego" também podem ser tentadoras. A maioria dessas coisas é segura na maior parte do tempo com boa parte dos gatos, portanto, isso não significa que você não possa usá-las. É só se ligar nas tendências do seu gato, como o vício por sálvia da Gata Magia, e planejar de acordo. Na dúvida, peque pelo excesso, sobretudo se estiver trabalhando com um novo gato que você não conheça bem.

Em última instância, independentemente da utilidade de algo para trabalhos com magia, tenho certeza de que você vai preferir seu gato são e salvo.

Feitiço para Manter seu Gato em Segurança Durante Trabalhos com Magia

Para uma linha de defesa adicional, você pode fazer o seguinte feitiço. É muito simples e não requer nada além de uma foto do seu gato, uma vela branca e uma fita branca, ou um pedaço de barbante. Coloque a foto em frente à vela – se quiser, grave o nome do gato nela. Em seguida, circule-as com a fita e pronuncie o feitiço. (A lua cheia é um bom momento para esse feitiço, mas a lua negra também funciona.)

Deusa sábia, Deusa salutar
Fique de olho nesse meu auxiliar
Mantenha-o a salvo de perigo ou ferimentos
Enquanto fazemos nosso encantamento.

Produtos que Podem ser Perigosos para seu Auxiliar

- babosa (o gel é seguro, mas a parte externa das folhas é perigosa)
- borragem
- camomila (segura em quantidades pequenas, mas pode ser prejudicial se ingerida em grandes porções ou consumida por muito tempo)

- confrei
- eucalipto
- prímula
- dedaleira
- alho (seguro em quantidades pequenas, mas tóxico em grandes — tome muito cuidado)
- bagas de azevinho (cuidado com o período de festas)
- maconha (pode causar convulsões e coma, portanto, se você usa, mantenha fora do alcance do gato)
- visco (cuidado se usá-lo próximo ao Yule[4])
- poejo (seguro como planta, mas não concentrado; não use como tratamento antipulgas)
- óleo de melaleuca (sem estar diluído, pode ser venenoso para gatos)
- valeriana (segura como planta, mas perigosa quando concentrada em forma de tintura)

- casca de salgueiro-branco
- artemísia
- tabaco (tóxico para gatos, portanto, se você o usa em trabalhos medicinais nativo-americanos, certifique-se de que seu auxiliar não mexa nele)

4. Comemoração pagã no solstício de inverno, no hemisfério norte. (N. da T.)

A lista acima não sugere que você não pode usar esses produtos. Como em qualquer outro aspecto, seu raio de ação vai variar. Alguns gatos metem a cara em tudo, outros ignoram até um prato de carne deixado na bancada. Apenas use o bom senso e tente manter fora de alcance tudo que possa ferir seu bichano.

A probabilidade matemática de um gato comum fazer exatamente o que ele quer é a única ciência absoluta no mundo.

LYNN M. OSBAND

O Gato e a Lua
William Butler Yeats

O gato aqui e ali andou
E a lua feito um pião girou
E o parente mais próximo da lua,
O gato rastejante, para cima olhou.
O preto Minnaloushe contemplou a lua
Pois, a vagar e a uivar, como ele faria
No céu a pura luz fria
Perturbou seu sangue animal.
Minnaloushe corre no gramado
Erguendo o pé delicado.
Quer dançar, Minnaloushe, quer dançar?
Dois parentes próximos vão se encontrar.
Que tal um baile organizar?
Talvez a lua possa aprender,
Cansada dessas modas da corte,
Novas formas de se mover.

Minnaloushe se arrasta no gramado
De um lugar a outro, iluminado
A lua sagrada, acima
De uma nova fase se aproxima.
Minnaloushe sabe que suas pupilas
De um formato para outro vão mudar
E que, de cheia a crescente,
E de crescente a cheia, vão variar?
Minnaloushe se arrasta no gramado
Só, importante e ajuizado
E ergue para a lua
Seus olhos mudados.

CAPÍTULO 10

Animais de Poder

Em um mundo que sempre foi meio doido,
os gatos caminham confiantes.

ROSANNE AMBERSON

Independentemente de você ter ou não um auxiliar, é bom ter um animal de poder felino para invocar. Algumas pessoas acreditam que nasceram com um animal de poder específico cuja tarefa é protegê-las e guiá-las. Outras, como eu, pensam que detêm animais de poder diferentes ao longo da vida, cada um adaptado especificamente para ajudar com as questões desafiadoras nessa fase particular.

Também é possível ter mais de um animal de poder por vez. Por exemplo, você pode ter uma coruja para sabedoria e um urso para força. Pode invocar qualquer espírito animal para auxiliá-lo, mas é mais provável um animal de poder chegar quando for a hora certa, e ficar ao seu lado até não ser mais necessário.

Animais de poder, também conhecidos como aliados animais, são outra maneira de se conectar com o mundo espiritual. Bruxas são atraídas com frequência a espíritos animais que possuem um tipo de energia de que elas precisam, e considera-se que diferentes animais de poder têm atributos e forças específicas. Este capítulo vai analisar alguns dos vários animais de poder felinos e ajudar a descobrir qual ou quais podem ser uma boa pedida para você.

Como todo trabalho de magia, o primeiro ponto em que começar é abrindo-se à possibilidade. Às vezes, tão logo você diz "Gostaria de encontrar um animal de poder com que trabalhar", aparece um. Talvez, como acontece muitas vezes com gatos, o universo está só esperando a gente abrir a porta. Quem é que sabe o que pode passar pela sua?

Você também pode pedir um sinal que o aponte à direção certa. Se você fizer o feitiço para descobrir seu animal de poder, por exemplo, é possível pedir para sonhar com o animal quando for para cama à noite. (Em caso afirmativo, experimente colocar uma cópia escrita do feitiço embaixo do travesseiro, talvez com um olho de tigre.)

Às vezes, um animal de poder simplesmente aparece. Se começar a ver corvos de repente por toda parte – voando no céu, ao lado da estrada, na televisão, em artesanatos e assim por diante –, provavelmente é um sinal de que você deve prestar atenção a esse animal. (Claro que, na minha casa, gatos cruzam com frequência o caminho, mas isso é só um sinal de que tenho muitos felinos.) Não é provável que você veja um tigre na sua rua, ao menos na maior parte do mundo, mas você pode avistá-los em pôsteres, propagandas e filmes. Fique de olhos abertos caso o universo, ou o próprio animal, estiver tentando lhe dizer algo.

Você também pode tentar viagens xamânicas. É um tipo de trabalho de transe que permite se mover pela chamada "realidade não ordinária", ou uma dimensão espiritual que está além de nossa habilidade sensorial no decorrer da vida diária. Ao entrar em um estado alterado, muitas vezes ao som de tambores ou ouvindo uma gravação de tambores, você pode viajar para mundos espirituais, onde pode descobrir e se conectar com frequência com um aliado animal. Às vezes, viagens xamânicas são guiadas por outras pessoas, mas você pode encontrar instruções e fontes *on-line* capazes de ajudá-lo a tentar por conta própria.

À medida que você empreende essa viagem, é frequente animais aparecerem pelo caminho. Às vezes, eles só estão lá para transmitir uma mensagem ou oferecer orientação. Outras vezes, um pode se apresentar e deixar claro que ele é seu animal de poder.

Não há nada de errado em tentar se conectar com vários animais de poder diferentes para verificar se um deles sintoniza mais com você do que os outros. É só se lembrar de manter a mente aberta e permitir que o animal escolha você, e não o contrário. Afinal, não é bom querer um aliado espiritual só porque você o acha maneiro ou bonito (embora eu tenha certeza de que ele será). É bom ter aquele que será capaz de ajudá-lo na vida e na magia.

Aqui estão alguns dos animais de poder felinos mais comuns para você considerar. Não desanime se o certo para você não aparecer imediatamente. Pode ser apenas que não seja o momento certo para descobrir um animal de poder neste exato instante. Você também pode tentar o feitiço que se segue.

Há pessoas que remoldam o mundo pela força ou argumentos, mas o gato só fica ali, cochilando, e o mundo discretamente se remolda para se adaptar ao seu conforto e conveniência.

ALLEN E IVY DODD

Gato Doméstico

Embora não tão exótico quanto seus primos selvagens, o gato doméstico também pode ser um animal de poder. Qualquer pessoa que tenha vivido com um gato sabe que ele pode ser misterioso, poderoso, bonito, encantador, travesso, afetuoso, protetor, divertido, amoroso e, às vezes, até mágico. O que mais se poderia pedir em um animal de poder? Certas pessoas acreditam que seus próprios gatos amados ficam por perto após a morte e cuidam delas. Gatos domésticos são bons animais de poder para independência, esperteza e todas as formas de trabalho mágico.

Guepardo

O guepardo é o animal mais rápido da terra (na terra, aliás). Eles são marrons com pintas pretas e possuem um tufo na ponta da cauda. Como qualquer atleta de alta *performance*, eles são esguios, finos e feitos para velocidade. Como animal de poder, o guepardo diz: "Chega de ficar parado. É hora de se mexer!". Pode ser útil se conectar com um guepardo em períodos de mudanças rápidas ou quando você precisa que as coisas se acelerem na sua vida.

Guepardos eram parte importante da cultura egípcia. Eram símbolos da realeza, e havia uma deusa chamada Mafdet com cabeça de guepardo que lutava contra o mal e contra quem o perpetuava. Se você se sente ameaçado, experimente pedir ajuda do poder animal do guepardo.

Leão

O leão já foi chamado de "rei dos animais". Ele é régio e poderoso. Também é muito voltado para a família, e, se o espírito leonino chegar à sua vida, pode ser o momento de se focar na família ou em qualquer grupo unido, na criação dos filhos, ou em situações que exigem trabalho em equipe. O leão é associado com frequência ao sol, talvez por causa de sua juba marrom em círculo que é um traço distintivo do macho. É o símbolo da deusa egípcia Sekhmet, assim como Mitra, deus persa da luz. O leão pode trazer mais luz à sua vida ou ajudá-lo a se sentir poderoso e capaz de conseguir qualquer coisa. Também pode ser um sinal de que é hora de usar sua força para ajudar os outros.

Leão-da-Montanha

Também conhecido como puma ou onça-parda, o leão-da-montanha é um animal poderoso e gracioso. Simboliza coragem, poder, liderança, força e silêncio. Ele pode ajudá-lo a catapultar suas habilidades em qualquer uma dessas áreas. Pode vir até você em períodos de desafio que envolvam liderar outras pessoas ou encontrar o equilíbrio e a força no seu próprio poder. Conhecido por seu silêncio e paciência, ele também pode ajudar você a encontrar quietude interna quando mais precisar.

Leopardo

O leopardo é um gato grande, perigoso, com pintas pretas em uma pelagem dourada ou amarela. São excelentes caçadores, silenciosos e mortais, mas também belos, e cheios de confiança e graça. Se você precisa de mais dessas qualidades, ou se necessita se conectar com seu próprio poder pessoal, o leopardo pode ser um bom animal de poder. Mas não espere que ele seja gentil em dar lições – se ele lhe disser algo, é melhor dar ouvidos.

À noite, todos os gatos são leopardos.

Lince

O lince (geralmente considerado a versão maior do lince-pardo, embora este seja, na verdade, um membro da família lince) tem orelhas felpudas, uma gola de pelos, e patas grandes almofadadas. Tem quatro variedades principais, incluindo o lince-pardo menor, e, ao contrário desse, pode ser encontrado na Europa e na Ásia, e também na América do Norte e no Canadá. Ele se adaptou a vários climas, do temperado ao nevoso. De acordo com tradições nativo-americanas, o lince como animal de poder está associado a segredos, conhecimentos arcanos e informações mágicas. Ele pode ser especialmente útil se você estiver trabalhando com clarividência ou buscando mergulhar mais a fundo em artes psíquicas.

Lince-pardo

O lince-pardo é um pequeno gato selvagem com cauda curta, orelhas felpudas e pelos faciais em leque. Ao contrário de seus primos linces, ele só é encontrado na América do Norte. Tende a ser solitário, portanto, como animal de poder, pode ser um sinal de que é hora de se afastar um pouco do mundo. Também pode ser um alento quando você está se sentindo sozinho ou para ajudá-lo a fazer as pazes com sua natureza ou circunstâncias solitárias. Também está associado à paciência, à consciência, à acuidade e ao eu interior.

Pantera

A pantera é um membro magnífico da família felina. O nome pode ser usado para se referir ao jaguar (encontrado nas Américas do Sul e Central) ou ao leopardo (encontrado na África e na Ásia). Também há panteras na Flórida, que na verdade são uma subespécie da onça-parda. No entanto, a maioria de nós, quando pensamos em panteras, o que vem à mente é a maravilhosa e poderosa pantera negra (que pode ser um leopardo ou um jaguar). Há muito tempo panteras negras vêm sendo associadas ao místico, e eram sagradas para os astecas e os maias.

Ao contrário da maioria dos felinos, panteras ficam à vontade na água. Também sobem em árvores e muitas vezes são representadas deitadas, curtindo uma preguiça em um galho largo a vários metros do solo. A pantera é feroz, poderosa, astuta, e fica à vontade em qualquer ambiente. É um bom animal de poder com que trabalhar se você precisa aprender a se adaptar com mais facilidade ou ficar à vontade em situações complicadas. A pantera pode ajudá-lo a dominar suas próprias habilidades místicas e acessar seu poder pessoal.

Tigre

Como a pantera, o tigre também é feroz e forte. Também como a pantera, tigres gostam de água e nadam por prazer. São especialmente valorizados na Índia e na China, e são o animal-símbolo de Bangladesh, Índia, Malásia e Coreia do Sul. O maior de todos os felinos, suas listras características e físico potente os tornaram o foco de muitas culturas, mas infelizmente hoje eles são uma espécie ameaçada de extinção.

O tigre é um dos doze animais do horóscopo chinês e considerado símbolo do elemento Terra, e também de poder, energia, proteção, realeza e generosidade. A deusa hindu Durga era muitas vezes representada montada em uma tigresa. Se um tigre aparece como seu animal de poder, pode ser o momento de usar força e energia ao máximo ou aproveitar aventuras e oportunidades à sua frente.

Gatos são leões em uma selva de arbustos pequenos.

Feitiço para Descobrir seu Animal de Poder

Se você acha que deve ter um animal de poder, mas ainda não conseguiu descobrir qual o certo, experimente fazer esse feitiço para saber qual sua combinação mágica.

Itens do feitiço: Fotos de qualquer felino selvagem que você achar que pode ser seu animal de poder (imprima da internet ou pegue um livro da biblioteca se você não tiver nenhuma à mão; se não quiser nem foto nem livro, você pode fazer um desenho improvisado de cada animal e colocar o nome deles embaixo – não se preocupe se não ficar uma obra de arte, contanto que saiba o que cada um representa; se houver um ou dois animais pelos quais você se sente particularmente atraído, estatuetas ou roupas também são ótimos), uma tigela preta com água ou um espelho de vidência, um saquinho ou sachê contendo lavanda, uma vela marrom ou verde, e um incenso de sálvia em bastão. Opcional: um CD tocando música de tambores ao fundo.

Coloque as fotos ou estátuas dos animais em frente à vela. Ponha a tigela de água ou o espelho em um lado e o sachê no outro. Acenda o bastão e espalhe a fumaça ao redor de si mesmo dos pés à cabeça, purificando-se do estresse e preocupações diárias, e abrindo-se a quaisquer mensagens que surjam. Se quiser, pode deixar o bastão queimando em um prato à prova de fogo.

Acenda a vela e pense por um minuto no que você gostaria que um animal de poder trouxesse à sua vida. Você precisa de proteção? Orientação? Um *up* psíquico? Animais de poder diferentes têm dons diferentes, portanto, deixar claro para o universo o que você está buscando em um pode ajudar a esclarecer qual é o animal certo para você. (Claro, um deles já deve tê-lo escolhido, sabendo do que você realmente precisa.)

Quando sentir que chegou a hora, pronuncie o feitiço.

Peço ao universo um sinal
Uma mensagem do deus divino
Busco meu animal de poder ideal
Neste dia, hora e local
Busco o par que comigo combine

Um companheiro forte, selvagem e livre
Envie-me um sinal para eu saber
E que agora meu animal se faça ver!

Um animal de poder pode aparecer na sua mente na mesma hora, ou uma das fotos à sua frente pode lhe chamar a atenção. Se isso não acontecer, olhe na tigela ou no espelho e veja se surgem imagens. Se ainda não conseguir algo definido, pegue o sachê de lavanda e coloque-o embaixo do travesseiro, então peça aos deuses que lhe enviem num sonho seu animal de poder.

Não desanime se nada acontecer de imediato. Como quaisquer outros gatos, felinos de poder não gostam de ser apressados. Fique atento nos dias e semanas seguintes e preste atenção a outros sinais ou indícios de um animal específico.

Feitiço para se Conectar com os Atributos de seu Animal de Poder

Muitas vezes recebemos um animal de poder com atributos que não temos ou dos quais precisamos mais, como coragem, força ou sabedoria. Se você quer se conectar com mais força com esses atributos específicos, faça esse feitiço. Ele terá melhor resultado se for feito durante a lua cheia.

Esse é um feitiço bem simples, mais parecido com uma oração do que com qualquer outra coisa. Se você tiver uma foto ou estátua do seu animal de poder, pode usá-la como foco. Do contrário, é só acender uma vela branca quando a lua surgir e pronunciar o feitiço do fundo do coração.

Deus e Deusa, este é meu pedido
Concedam-me os atributos
Que meu animal de poder tem de sobra
Aqueles de que preciso
Aqueles que quero
Aqueles que não tenho
Por favor, concedam-me ___________________
(liste os atributos que você quer obter)
E me ajudem a usar essas habilidades com sabedoria
E no máximo de minhas capacidades
Que assim seja!

Recadinho da **Gata Magia**

Como qualquer gato pode afirmar, há muito pouca diferença entre o gato doméstico sentado no seu sofá e os felinos selvagens que perambulam pelas florestas. Os domésticos são apenas melhores em fazer as pessoas comerem nas mãos deles. Os gatos ditos domesticados compartilham várias das características de seus parentes selvagens: são caçadores ferozes, esbeltos e graciosos, silenciosos e altivos, e capazes de se adaptar a quase qualquer circunstância – a menos que não queiram, nesse caso, eles podem se tornar tão bravios quanto um puma ou um lince. Mas, por conta desse vínculo potente, você sempre pode pedir ao seu gato auxiliar, se tiver um, para ajudá-lo a trabalhar com um animal de poder felino.

Bênção para Talismã de Poder Usando Olho de tigre

Às vezes, é bom carregar por aí um talismã que nos lembre da presença de nosso animal de poder. Você pode procurar um pingente ou um amuleto no formato do animal, é claro, e pendurá-lo no pescoço ou no chaveiro. Ou pode, também, criar esse talismã simples com um olho de tigre, que funcionará para qualquer animal felino de poder.

Itens do feitiço: Sal, água, uma vela marrom ou verde, um incenso de sálvia em bastão ou o incenso de sua escolha, ou uma pena, uma vela para representar os deuses (preta é boa se você segue Bastet ou Hécate, do contrário, escolha uma branca), além do olho de tigre que estiver usando. Uma pequena pedra lapidada é bom se você for carregá-la no bolso ou na bolsa, ou colocá-la sob o travesseiro. Se for colocar o talismã no altar, você pode usar uma peça maior.

Coloque tudo no altar, em uma mesa ou num tecido no chão. Se estiver dentro de casa, talvez seja bom colocar a pedra em um prato ou recipiente, para evitar bagunça.

Polvilhe o sal sobre a pedra e diga:

Abençoo esse talismã com o poder da terra
para que ele possa se firmar e me fortalecer
com a energia de meu animal de poder.

Pingue a água na pedra e diga:

Abençoo esse talismã com o poder da água
para que eu possa fluir com graça e
flexibilidade pela vida.

Circule a pedra ou a pena com a fumaça do incenso ou da sálvia, e diga:

Abençoo esse talismã com o poder do ar
para que eu possa me comunicar com clareza
com meu animal de poder
e ouvir sua sabedoria quando dela precisar.

Acenda a vela marrom ou verde e diga:

Abençoo esse talismã com o poder do fogo
para que o espírito brilhante do meu
animal de poder
sempre me guie pela escuridão.

Acenda a vela representando a divindade e diga:

Peço aos deuses (ou a Bast, ou qualquer outra divindade que você siga)
que abençoem esse talismã, para que ele sempre me lembre
da dádiva que recebi. Que assim seja.

Segure a pedra por alguns minutos e sinta a energia que irradia dela, depois, apague a vela e a coloque em um local seguro.

Aos olhos do gato, todas as coisas pertencem a ele.

Meditação do Animal de Poder

Essa é uma meditação básica para ajudar você a se conectar com seu animal de poder. Se tiver problemas com visualizações, você pode contemplar, com os olhos semiabertos, uma foto ou imagem do animal. Se tiver música calma, meditativa ou de tambores, coloque-a para tocar no fundo. Você pode pesquisar com antecedência sobre o animal ou apenas ver o que acontece.

Sente-se em uma posição confortável e feche os olhos, ou deixe-os relaxar de modo a ficarem parcialmente fechados. Concentre-se no seu animal de poder à medida que desacelera e aprofunda a respiração. Visualize-o sentado à sua frente, relaxado e alerta, olhando você nos olhos com inteligência. Sinta sua respiração em sintonia com a do animal de poder, de modo a expirar quando ele expira, e a inspirar quando ele inspira.

Dobre ligeiramente as mãos, como se estivesse esticando as patas, e observe seu animal de poder fazendo o mesmo. Abra a boca em um rugido silencioso, e veja seu animal rugindo de volta para você. Sinta a força e a dignidade dele, e saiba que você está totalmente seguro com ele. Respirem juntos por um tempo e fique aberto para quaisquer mensagens que ele possa compartilhar com você.

Quando sentir que é a hora certa, agradeça à presença dele e volte completamente à sua vida cotidiana.

O Tigre
William Blake

Tigre, tigre, que flamejas brilhante
Nas florestas da noite cintilante
Que mão ou olho imperecível
Poderiam emoldurar tua simetria terrível?

Em que profundezas ou céus distantes
Queimou o fogo destes teus olhos chispantes?
Sobre que asas ele se atreveu a escalar?
Que mão teve a ousadia de essa chama capturar?

Que armadura ou mister
Puderam as fibras do teu coração tecer?
E, quando este começou a bater,
Que mãos e pés ficaram a tremer?

Que martelo ou bigorna te forjou?
Em que fornalha teu cérebro se moldou?
E qual bigorna e bocal
Podem conter teu terror mortal?

Quando as estrelas suas lanças baixaram
E os céus de lágrimas marejaram
Ele sorriu ao ver o que criou?
Quem fez a ovelha a ti também moldou?

Tigre, tigre, que flamejas brilhante
Nas florestas da noite cintilante
Que mão ou olho imperecível
Poderiam emoldurar tua simetria terrível?

Book of Spells

CAPÍTULO 11

Adivinhação Felina

Mesmo o menor dos felinos é uma obra-prima.

LEONARDO DA VINCI

Provavelmente você já pensou em um sem-número de maneiras de praticar magia com seu gato, mas talvez não tenha se dado conta de que felinos também podem ajudá-lo na área divinatória. Você já notou como os gatos parecem saber das coisas antes que elas aconteçam? Os meus sempre sabem quando vou tentar pegá-los a fim de colocá-los nas caixas de transporte para ir à veterinária. É de cair o queixo. A caixa de transporte pode estar fora há três dias. O gato pode passar a última hora andando por aí. E, mesmo assim, quando finalmente você vai pegá-lo – ele some! É magia.

Francamente, esse tipo de habilidade preditiva não ajuda em nada (pelo contrário), mas você pode lançar mão desse dom mental felino como auxílio no seu trabalho divinatório. Pelo menos enquanto o gato estiver a fim de ajudar, você sabe.

Decks de Tarô de Gatos

Se você gosta de usar cartas de tarô, há vários *decks* fofos hoje em dia que contêm gatos. Pessoalmente, sou fã do meu próprio *deck*, é claro: *The Everyday Witch Tarot*, cujas ilustrações, feitas pela fabulosa Elisabeth Alba, são repletas de bruxas, vassouras e gatos de todas as cores e tamanhos. Ela até acrescentou gatos tricolores no naipe de copas quando perdi minha amada Samhain. É como ter minha gatinha imortalizada em mil *decks*. (Sem dúvida, também há gatos pretos em várias cartas.) Outro *deck* favorito é o *Mystical Cats Tarot* (da Llewellyn), de Lunaea Weatherstone, ilustrado por Mickie Mueller. Comprei esse só porque amei demais o trabalho artístico.

Minha amiga Rebecca Elson, que analisa vários *decks* de tarô em seu *blog*, *The Magical Buffet*, tem especial preferência por um *deck* chamado *Cat's Eye Tarot*, criado pela veterinária Debra M. Givin. Essa profissional adota um procedimento meio incomum, em que as cores dos gatos representam os naipes diferentes: malhadinhos práticos para o de ouros, filhotinhos fofos pretos e brancos para o de copas, siameses tagarelas para o de espadas, e malhados vermelhos vistosos para o de paus.

Elson também gostou do *Bleu Cat Tarot*, de Beth Seilonen, que mostra gatos siameses em lindos tons de azul.

Outros *decks* gatocêntricos que você pode testar são os seguintes:

- ***Tarot Familiars*, de Lisa Parker.**
- ***Black Cats Tarot*, de Maria Kuara e Lo Scarabeo.**

- *Tarot of Pagan Cats*, de Lo Scarabeo (também em versão de bolso).
- *CatTarot Deck*, de Lo Scarabeo.
- *Tarot of the Cat People*, de Karen Kuykendall.
- *Tarot of White Cats*, de Lo Scarabeo.

Também há algumas cartas oraculares felinas muito bonitas que pretendo testar, como:

- *Cats Inspirational Oracle Cards*, de Barbara Moore e Marco Turini.
- *Spirit Cats Inspirational Card Deck*, de Nicole Piar.

Alguns desses *decks* têm provavelmente mais utilidade para admirar a bela arte do que para leituras de fato, mas você terá que explorá-los por conta própria para descobrir.

Das Histórias sobre Gatos Místicos,
de Lunaea Weatherstone

O Escudo da Tiragem de Sekhmet

Sekhmet é uma de nossas divindades mais reverenciadas, uma deusa leonina egípcia cujo nome significa "a poderosa". No antigo Egito, ela era invocada em tempos de guerra para garantir a vitória e celebrada em tempos de paz por seus poderes de cura e reconciliação. Essa tiragem de três cartas se baseia em uma égide de ouro, ou escudo encouraçado, com imagens de Sekhmet (aprox. 900-750 a.C.). Use essa tiragem quando precisar se conectar com a fonte de seu próprio poder pessoal.

1: O que o deixa fraco?

2: O que o deixa forte?

3: Como você pode usar melhor seu poder?

Adivinhação com seu Gato

Há várias maneiras de fazer trabalhos divinatórios com seu gato, todas bem simples porque, sejamos francos, o felino não fará nada complicado. (A não ser que você queira tentar ler o futuro em tripas de ratos... pode apostar que eu, não.) E, é claro, todas elas dependem da cooperação espontânea do seu gato. A Gata Magia sempre dá as caras quando leio tarô, e me ajuda mesmo que eu não queira (embora, às vezes, ela só venha e fique deitada em cima da tiragem, o que, creio eu, ela acha mais útil do que na verdade é). Tudo que você pode fazer é convidar o gato para participar e ver o que acontece.

Tarô: Embaralhe as cartas de tarô e coloque-as viradas para baixo, em fila, na mesa ou no chão. Faça uma pergunta e veja se o gato escolhe uma carta tocando-a com a pata ou deitando-se/sentando-se na frente dela. Se você não tiver certeza para qual das cartas de um monte o gato está apontando, tire-as e tente de novo apenas com elas. Uma alternativa é colocar todas as cartas viradas para cima em uma pilha solta.

Runas: Misture as runas em um saquinho ou tigela, depois, coloque-as com o lado do desenho virado para baixo em uma mesa ou no chão. Faça uma pergunta e veja se o gato escolhe uma ou algumas. E, sim, chutá-las da mesa para o chão também conta.

Pêndulo: Gatos são naturalmente atraídos por coisas penduradas na base de fios. Escolha uma direção para indicar "sim" e outra para indicar "não", faça a pergunta e veja se o gato bate no pêndulo em uma ou outra direção.

Adivinhação onírica: Se seu gato dorme ao lado do seu travesseiro, como a Gata Magia faz comigo, é possível pedir ajuda para adivinhação dos sonhos, e ele pode guiá-lo quando você cair no sono. Você também pode colocar um sachê com erva-dos-gatos embaixo do travesseiro, já que essa erva supostamente ajuda a dormir.

Você também pode usar felidomancia, também conhecida como ailuromancia (do grego *ailouros*, "gato"). Felidomancia é a prática de fazer previsões baseadas no comportamento e atitudes dos gatos, observando seus movimentos e até para que lado eles saltam.

Existe uma série de superstições sobre previsão do tempo baseada em gatos, por exemplo. Vai chover se o gato deitar com a cabeça no chão ou limpar a parte de trás da orelha. Há tempestade a caminho se um gato coloca a testa no chão ou fica girando feito um louco. (Essa até que faz sentido, já que gatos são mais sensíveis a mudanças climáticas iminentes.) Certas pessoas acreditavam que, se um gato virasse a cauda para o fogo, era um sinal de mudança no clima, e abanar a cauda no inverno indicava a chegada da neve. Um gato arranhando o pé da mesa também poderia significar mudança no clima. Arranhar o chão com frenesi era terremoto à vista.

Dizem que o comportamento felino também prevê outras coisas. Faça uma pergunta ao seu gato. Se ele bocejar, significa oportunidade a caminho. Se espirrar, é um bom presságio, e, se ele correr, um segredo logo será revelado (ou o gato está entediado...). Se seu gato miar em resposta a uma pergunta, ele pode estar alertando-o sobre problemas.

Feitiço para Adivinhação

Se quiser tentar trabalhos divinatórios com seu gato (seja ele um auxiliar ou não), lembre-se de que, assim como as pessoas, os felinos às vezes não estão no clima para prever o futuro. Mas, se ele estiver disposto a ajudar, você pode pronunciar esse feitiço rápido e simples para dar um incentivo ao trabalho em equipe.

Gato esperto, gato sábio
Diga o que você vê
Use sua intuição felina
Preveja o que há no futuro para mim!

Em Consideração a Meu Gato Jeoffry

Christopher Smart

Em consideração a meu gato Jeoffry.
Ele é o servo do Deus vivo, servindo-o devida e diariamente.
Ao primeiro vislumbre da glória divina no Oriente, ele o adora à sua maneira.
Ele o faz enrolando o corpo sete vezes, com rapidez elegante.
Então salta para apanhar o almíscar, que é a bênção de Deus à sua oração.
Ele faz uma brincadeira para resolver isso.
Por ter cumprido o dever e recebido a bênção, ele começa a se considerar.
Para isso, ele atua em dez níveis.
Primeiro, olha as patas da frente para ver se estão limpas.
Segundo, dá um chute traseiro para se afastar.
Terceiro, faz um alongamento com as patas da frente estendidas.
Quarto, afia as patas na madeira.
Quinto, ele toma banho.
Sexto, ele rola após o banho.

Sétimo, ele foge, para não o interromperem no meio do processo.

Oitavo, ele se esfrega num poste.

Nono, ele busca instruções.

Décimo, sai em busca de comida.

Por ter considerado a Deus e a si mesmo, vai considerar seu próximo.

Pois, se encontrar outro gato, vai lhe dar um beijo doce.

E, se apanhar uma presa, antes brinca com ela para lhe dar uma chance.

Pois só um rato em cada sete escapa da sua brincadeira.

Quando seu dia de trabalho termina, seus negócios começam mais adequadamente.

Ele mantém a vigília do Senhor durante a noite contra o inimigo.

Neutraliza os poderes das trevas com sua pele eletrizante e olhos brilhantes.

Neutraliza o Diabo, que é a morte, incentivando a vida.

Em suas orações matinais, ele ama o sol e vice-versa.

Ele é da aldeia do Tigre.

O Gato Querubim é uma expressão do Anjo Tigre.

Ele tem o silvo e a sutileza de uma serpente, que por bondade suprime.

Ele não causará destruições se bem alimentado, nem cuspirá se não provocado.

Ele ronrona grato quando Deus lhe diz que ele é um bom gato.

Ele é um meio pelo qual crianças aprendem a ser benevolentes.

E toda casa fica incompleta sem ele, e falta bênção espiritual.

O Senhor ordenou a Moisés sobre gatos quando os filhos de Israel saíram do Egito,

Pois cada família tinha ao menos um gato na bolsa.

Os gatos ingleses são os melhores da Europa.

Ele é o mais limpo entre todos os quadrúpedes no uso das patas dianteiras.

A destreza de sua defesa é um exemplo patente do amor de Deus por ele.

Ele é o mais rápido de todas as criaturas a atingir o alvo.

É tenaz em seus argumentos.

É uma mistura de seriedade e altivez.

Ele sabe que Deus é seu salvador.

Não há nada mais doce que sua paz quando está descansando

E nada mais rápido que sua vida quando em movimento.

Ele é um dos pobres do Senhor, por isso chamado perpetuamente pela benevolência – Pobre Jeoffry, pobre Jeoffry! O rato mordeu sua garganta.

Clamo o nome do Senhor para que Jeoffry melhore.

O espírito divino vem ao seu corpo para sustentá-lo como pleno gato.

Sua língua é pura ao extremo, ele tem a mesma pureza que se deseja na música.
Ele é dócil e capaz de aprender coisas.
Ele pode se estabelecer com a gravidade, a paciência após a provação.
Pode buscar coisas e trazê-las, o que significa trabalho paciente.
Pode saltar sobre um graveto, que é paciência após uma prova positiva.
Pode se agitar ao ouvir a palavra de comando.
Pode saltar de um lugar alto para o regaço de seu dono.
Pode pegar a rolha e jogá-la de novo.
É odiado pelo hipócrita e pelo avaro.
Pois o primeiro tem medo de ser detectado
E o segundo recusa ser acusado.
Ele curva as costas diante da primeira noção de negócios.
Pois é bom pensar nele, se um homem se expressar com clareza.
Ele se tornou uma grande figura no Egito, por seus serviços de sinalização.
Ele matou o rato Icneumon, muito pernicioso por terra.
Seus ouvidos são tão apurados que ardem.
Daí procede sua atenção passageira.
Acariciando-o, descobri a eletricidade.
Percebi a luz de Deus sobre ele, cera e fogo.

O fogo elétrico é a substância espiritual que Deus envia dos céus para sustentar os corpos de homens e animais.
Deus o abençoou em sua variedade de movimentos.
Pois, embora ele não possa voar, é um excelente alpinista.
Seus movimentos na face da terra são maiores que os de qualquer outro quadrúpede.
Ele pode seguir todos os compassos musicais.
Pode nadar pelo resto da vida.
E pode rastejar.

Book of Spells
herbal spells

CAPÍTULO 12

Trabalhos Artísticos e Receitas para Você e seu Gato

Quando brinco com minha gata, como saber se não é ela quem está passando um tempo comigo, e não o contrário?

MONTAIGNE

Talvez você não pense em artesanato ou receitas quando o assunto é seu gato (exceto em tentar mantê-lo longe do que você estiver fazendo), mas, na verdade, há algumas artes divertidas para fazer com magia felina. Algumas delas demandam itens do seu felino (como pelo, pedaços de unhas e bigodes soltos), outras usam ervas seguras para gatos, como erva-dos-gatos e valeriana. Como tudo o mais neste livro, você sempre pode fazer variações que sirvam para você e seu gato.

A maioria é magia felina para você, mas é possível fazer algumas para o bem-estar do seu gatinho.

Artes e Feitiços Artísticos

Amuleto Felino para Proteção

Todo mundo sabe como um gato pode atuar como protetor do lar e território, e daqueles a quem ama. Desperte essa energia protetora com esse amuleto simples que você pode carregar aonde quer que vá.

Itens do feitiço: Um amuleto ou imagem felina (pode ser feito de qualquer coisa que você quiser – metal, pedra etc. –, mas é bom que tenha um gancho para pendurá-lo em um colar ou chaveiro), um ramo de alecrim ou um pouco dessa planta desidratada, sal marinho (sal normal também serve), e um pedaço de unha do gato. Se não conseguir encontrar unhas soltas, você pode usar a pontinha de uma das que cortou do seu felino. Você também vai precisar de um quadradinho de tecido preto ou branco (deve ser do mesmo tamanho da imagem do seu gato quando o pano virar um saquinho), fios pretos e uma agulha de costura.

Para fazer o amuleto, coloque a unha, uma pitada de sal e um pouco de alecrim no centro do tecido, e costure-o com o fio preto. O resultado deve ser um saquinho ou um quadrado. Em seguida, amarre-o com o fio no pescoço da imagem do gato, dando todas as voltas necessárias para garantir que fique bem preso.

Se quiser, você pode abençoá-lo e consagrá-lo. Diga: "Com este amuleto felino, guarde-me dos males". Coloque o amuleto em um colar, pendure no chaveiro, ou coloque-o na bolsa ou carteira para que ele o acompanhe aonde você for.

Bênçãos do Gato da Sorte

O gato japonês da sorte com uma pata erguida, conhecido como maneki neko, é um símbolo popular para sorte, sucesso e prosperidade. Se quer atrair essas coisas para sua vida, você pode fazer uma miniatura de gato da sorte para altares.

Itens do feitiço: Uma estatueta maneki neko (pode ser encontrado na internet e em muitas lojas de *souvenirs* – não precisa ser chique nem caro), uma moeda especial (como de cinquenta centavos ou um real, ou alguma moeda estrangeira interessante, se você tiver uma), um quadradinho de tecido para colocar embaixo do gato e dos outros itens. Talvez você queira escolher a cor do tecido para combinar com a estatueta ou com as cores tradicionais do gato, que possuem diferentes significados:

malhado (laranja, preto e branco): combinação tradicional de cores, considerada a que traz mais sorte
branco: felicidade, pureza e coisas positivas à vista
dourado: riqueza e prosperidade
preto: afasta maus espíritos
vermelho: sucesso no amor e relacionamentos
verde: boa saúde

Você também vai precisar de três pedras pequenas lapidadas (o número três é considerado auspicioso na cultura japonesa, e também para bruxas); mais uma vez, você pode escolher cores que correspondam aos significados japoneses tradicionais ou usar uma ou mais pedras magicamente associadas à sorte, como âmbar, aventurina, azeviche, olho de tigre ou turquesa.

Para criar o altar, coloque o tecido sob a estatueta, e ponha a moeda e as três pedras em frente a ela. (Tradicionalmente, esses itens eram colocados em quartos ou escritórios, mas você pode pôr o seu onde achar adequado.) Se estiver precisando de sorte ou sucesso, ou se estiver em um dia especialmente bom e quiser agradecer, você pode colocar uma flor ou outra oferenda na frente do altar.

Vela para Afugentar o Mal

Na China, é tradição pintar a imagem de um gato em lanternas para afastar influências maléficas. Hoje em dia tendemos a não nos preocupar demais com o tipo de mal que eles tinham em mente (espíritos malignos etc.), mas não há dúvida de que existe muita coisa ruim por aí, e não faz mal ter uma ajudazinha extra para espantar, digamos, vírus de computador e ligações telefônicas indesejadas. Se você tem talentos artísticos, pode pintar um gato em uma lanterna, mas, para reles mortais, é melhor fazer algo mais simples, como gravar a imagem ou o rosto de um gato na lateral de uma vela pilar grande.

Itens do feitiço: Uma vela pilar preta ou branca e um prato ou recipiente à prova de fogo para a queima. Uma ferramenta pontuda para fazer o entalhe, como um palito, athame ou qualquer coisa com ponta (provavelmente você encontre muita coisa útil nas gavetas da cozinha, mas, se for usar uma faca, muito cuidado para não se cortar). Se quiser algo bem legal, você pode pegar uma vela pequena de outra cor, como uma de aniversário, e depois de terminar o entalhe aquecê-la o bastante para conseguir pingar a cera nas linhas entalhadas para dar contraste, assim, o formato do gato se destaca ainda mais.

Se você não é exatamente um artista, não se preocupe: isso é simbólico, e não precisa ser perfeito. Sempre é possível praticar com antecedência em um pedaço de papel ou numa vela sem importância. Também vale imprimir um desenho ou foto de um rosto felino básico e copiá-lo. Use o objeto pontudo para entalhar o gato em um lado da vela. (Dica: se errar, você pode aquecer um pouco a cera e apagar o erro, esfregando-o.) Se quiser, acenda a vela menor e pingue uma gota de contraste nas linhas entalhadas. Coloque-a no recipiente ou no prato. Diga:

Gato feroz, gato invencível
Crie um muro a todo mal intransponível.

Amuleto Felino para Força e Flexibilidade

Uma das coisas que mais admiramos em gatos são sua força e flexibilidade. Às vezes, é como se eles realizassem uma façanha impossível a cada dia. Abrir caminho para um lugar a que eles não conseguiriam chegar? Moleza. Saltar direto do chão até o topo de uma estante? Claro, por que não? Mais rápidos que uma bala quando fogem da caixa para transportar gatos ao veterinário? Toda maldita vez.

Qual de nós não deseja, de vez em quando, ser tão forte e adaptável quanto nossos amigos felinos? Aqui está um amuleto simples para ajudá-lo exatamente com isso.

Como toda magia, amuletos têm a ver com foco e intenção. Pegamos um objeto – no caso, um amuleto felino – e o encantamos para torná-lo um ponto focal de nosso objetivo. Assim, o objeto serve como lembrete de nossa intenção quando mais precisarmos dela.

Itens do feitiço: Um amuleto em forma de gato ou uma estatueta esculpida de metal, madeira ou pedra (pode ser um amuleto real, como os de braceletes, ou algo que possa virar um colar para usar nos dias em que você mais sentir necessidade de força e flexibilidade). Você pode, inclusive, comprar um colar já pronto e apenas encantar o objeto. Vai precisar também de um bigode de gato (se não conseguir encontrar um, um pouco de pelo ou um pedaço de unha também servirão), uma vela preta ou marrom, um athame ou palito, e um pedaço de fio ou cordão.

Para fazer o amuleto, coloque a estatueta ou o amuleto no altar ou na mesa. Pegue a vela e, com o athame ou o palito, grave nela o símbolo da runa nórdica Uruz (semelhante a uma letra U invertida, com uma perna mais curta que a outra) para representar força. Coloque o bigode, pelo ou garra embaixo da vela para imantá-lo(a) com a energia do gato. Acenda a vela e segure o amuleto acima dela. Diga:

Esse amuleto está encantado com a energia
Da força e da flexibilidade felinas.

Segure o amuleto em uma das mãos e a faca na outra. Balance a faca acima do amuleto, dizendo:

Esse amuleto está encantado com força.

Solte a faca e pegue o cordão ou o fio. Passe-o depressa em volta do amuleto e diga:

Esse amuleto está encantado com flexibilidade. Quando
eu usá-lo ou carregá-lo,
essa força e flexibilidade serão minhas.
Que assim seja.

Amuleto Felino para Abençoar o Lar

É uma bênção e tanto ter um gato em casa, então, por que não aproveitar um pouquinho dessa energia mágica felina e usá-la para fazer um amuleto para abençoar o lar? Esse amuleto será metade proteção, metade amor, com um toque de magia para garantir.

***Itens do feitiço*:** Um pouco de pelo ou pedaços de unha e bigodes do(s) seu(s) gato(s), um pequeno cristal de quartzo, alecrim e pétalas de rosa desidratadas, e um pouco de erva-dos-gatos se você vai pendurar o saquinho onde o gato não pode acessar. Se você tiver uma foto pequena do seu gato, ótimo, do contrário, desenhe um gatinho em um papel. Você pode usar um saquinho de juta pré-fabricado para isso ou fazer o seu, usando um tecido quadrado (dourado, prateado, branco ou azul) e um cordão ou pedaço de barbante. Opcional: adesivos de estrelas e luas para decorar.

Para fazer seu amuleto de bênção, coloque todos os itens no saquinho ou no meio do tecido quadrado, depois, amarre-o bem. Enquanto vai colocando cada item, pense em como sua casa é abençoada por ter o(s) gato(s) vivendo nela. Quando o saquinho estiver pronto, diga:

Abençoado sou por ter esse lar
E também o(s) gato(s) que aqui mora(m)
Abençoe e mantenha seguro esse lugar
E a todos os que aqui moram.

Pendure o saquinho perto da porta de entrada ou acima do seu altar.

Carta de Tarô para Força e Coragem de Leão

Uma das minhas cartas de tarô favoritas é A Força, que muitas vezes mostra uma mulher de pé com um leão que claramente lhe dispensa amor e apoio. Na carta de A Força do *Everyday Witch Tarot*, também acrescentamos um pequeno gato preto. Esse é um jeito fácil de criar um símbolo para lembrá-lo de que você tem mais força e coragem (e aliados) do que pensa.

Itens do feitiço: Uma carta de tarô de A Força (faça uma fotocópia de uma do seu *deck* ou imprima da internet). Uma moldura, papelão ou cartaz que você possa cortar e encaixar a carta. A moldura precisa ter pelo menos dois centímetros de superfície e deve ser plana, já que você vai escrever nela. Você também vai precisar de canetas ou lápis de cor, e cola azul. Opcional: pequenas lascas de olho de tigre.

Para fazer seu lembrete de força, coloque a carta ou impressão dentro da moldura, ou centralize-a no papel que estiver usando. Cole-a no lugar se você estiver usando papel. Com as canetas ou os lápis, escreva na moldura palavras como *força*, *coragem*, *eu consigo*, *nunca desista* e *não estou sozinho*, e desenhe carinhas de gato, figuras ou patinhas se quiser. Se estiver usando o olho de tigre em lascas, cole-as pela borda da moldura ou entre as palavras. Em seguida, pendure o lembrete onde possa vê-lo com frequência.

Caixinha de Memórias

Quando Samhain morreu, minha amiga Ellen sugeriu cortar um pouco dos pelos dela antes que eu enviasse o corpo para cremação. Eu nunca tinha feito isso antes, mas achei que foi um grande alívio nas primeiras semanas depois que ela se foi. Guardei o tufo em um pequeno porta-joias branco que, por acaso, eu tinha por perto, e abria a caixa uma ou duas vezes por dia para acariciar o tufinho. A certa altura, não achei mais necessário fazer isso, mas a caixa ainda está aqui, perto da caixa maior de madeira que contém as cinzas e um retrato dela quando ainda viva. Fiz a mesma coisa com os pelos da Minerva, mas, por não conseguir encontrar uma caixa adequada, usei uma bolsinha de pano.

É fácil criar uma caixinha de lembranças para um gato querido que cruzou a Ponte do Arco-íris, e você pode fazer isso de qualquer modo que combine com seu estilo e orçamento. É possível encontrar caixas simples de madeira na maioria das lojas de artesanato, ou mesmo em um brechó. E também, é claro, sempre há a internet. Encontrei uma "caixa de memórias" simples de madeira na Amazon por um valor acessível, projetada especificamente para esse tipo de arte. É claro, você também pode usar uma caixa bonita de papelão se tiver uma resistente, sem nada desenhado ou escrito nela.

***Itens do feitiço*:** Escolha algum dos itens a seguir para decorar o exterior: uma foto (ou mais) do seu gato, pedaços de pano cortados do cobertor favorito dele ou brinquedos de pano, fotos ou desenhos de comida ou coisas com que ele gostava de brincar, olho de tigre em lascas ou contas, outra coisa que o faça se lembrar do felino, uma imagem de arco-íris ou ponte, ou de outro lugar onde você o visualize agora, e até desenhos ou fotos de ratos, se acha que o gato gostaria. Fita decorativa ou cordão. Cola. Opcional: canetas ou lápis, ou uma ferramenta para entalhar madeira. Para a parte interna, quaisquer lembranças especiais do seu gato, incluindo fotos, um tufo de pelos, um brinquedo favorito, a coleira, se ele usava, ou até as cinzas, se você tiver.

Para fazer uma caixinha de lembranças, organize todos os itens que estiver usando para decorar a caixa e cole-os no lugar. É bom fazer isso devagar e com atenção plena, lembrando-se do gatinho com alegria e amor enquanto trabalha. Você pode escrever o nome do gato na caixa (ou imprima-o com antecedência em uma letra bonita no computador e, depois, cole-o) ou gravá-lo nela, se tiver uma ferramenta de entalhar madeira. Terminada a caixa, disponha as lembranças dentro e coloque-a no seu altar ou em outro lugar seguro.

Impressão da Pata do Gato para Lembrança

Conheço algumas pessoas que enviam seus animais para cremação e recebem de volta não somente as cinzas deles, mas também um medalhão com uma impressão da patinha, mais ou menos parecido com o que se faz com mãos ou os pés dos bebês. Não há por que não fazer isso na sua casa, antes ou depois de o gato falecer.

***Itens do feitiço*:** Um pacote de argila (também achei na Amazon por um valor acessível; provavelmente você vai encontrar em uma loja de artesanato local), uma fita, uma pequena ferramenta para modelar a argila (uma faca de cozinha ou chave de fenda darão conta do recado). Opcional: uma ferramenta pontuda para escrever na argila.

Se você está fazendo isso com o gato ainda vivo, certifique-se de limpar toda a argila da pata dele quando terminar, mesmo que a maioria das argilas que secam sozinhas não sejam tóxicas. Molde um pouco da argila em formato de medalhão, redondo, oval ou em forma de gota. Pressione de leve a patinha do gato na argila até fazer uma marca. Usando uma ferramenta, faça um buraco até o topo para poder passar a fita por ele mais tarde, após secar. Se quiser, escreva o nome do felino na argila, acima ou abaixo da marca da pata.

Amuleto de Ervas para seu Gato

Ao contrário dos trabalhos artísticos anteriores, que foram feitos para você, os próximos são elaborados pensando no seu gatinho. Esse amuleto de ervas é do tipo versátil ao estilo boas-vibrações-para-os-gatos de maneira geral. Você pode fazer um único amuleto para todos os gatos da casa ou um para cada.

***Itens do feitiço*:** Um saco simples de musselina com cordão (você pode encontrá-los na seção de produtos culinários ou em lojas de comidas saudáveis), ou um quadrado de tecido branco ou cru, agulha e linha, uma caneta preta ou várias coloridas, erva-dos-gatos ou valeriana desidratada, um olho de tigre lapidado ou um cristal de quatzo grande o suficiente para o gato não engolir (você também pode deixar a pedra fora do saquinho e colocar o amuleto pronto em cima dela por um tempo, a fim de absorver a energia).

Para fazer o amuleto, no saquinho ou no pano escreva o nome do(s) gato(s) e todas as coisas boas que você deseja para ele(s), como saúde, vida longa, diversão, muitas sonecas etc. Você também pode decorá-lo com símbolos rúnicos, corações ou coisas do tipo. Coloque as ervas e a pedra dentro do saquinho e amarre bem, depois, faça alguns nós para que ele não se abra. Se estiver usando o tecido quadrado, ponha as ervas e a pedra dentro, depois, dobre-o pela metade, de modo a ficar com três lados abertos e um fechado. Costure com cuidado as bordas abertas, a fim de formar um pequeno sachê (não precisa ficar perfeito nem bonito, então, não se preocupe se você não for um costureiro profissional).

Quando acabar, segure-o firme e pense no amor que você sente pelo gato. Se quiser, pode abençoar o amuleto e consagrá-lo no altar, ou deixá-lo sob a próxima lua cheia. Depois, o dê ao gatinho!

Sino Encantado para Proteger seu Gato

Se seu gato usa coleira (principalmente se ele sai de casa), você pode fazer esse sino encantado simples para protegê-lo. Isso também vai ajudar a proteger as aves locais se o felino sai ao ar livre, o que também não é ruim.

***Itens do feitiço*:** Um sininho que possa ser amarrado na coleira do gato, um prato pequeno, um incenso de sálvia em bastão, tigelas pequenas de sal e água, uma vela branca ou preta. Opcional: uma foto do gato. Esse é um bom trabalho artístico para fazer em uma noite de lua cheia.

Para fazer o sino encantado, coloque o objeto no meio do prato no seu altar ou no chão, se estiver montando-o sob o luar. Coloque a foto, se estiver usando uma, onde você consiga ver. Acenda a vela, o incenso de sálvia e envolva o sino com a fumaça para imantá-lo com o poder do ar. Polvilhe o sal sobre o sino (terra), depois, pingue a água da tigela (água). Em seguida, segure o sino sobre a vela – alto o bastante para não se queimar! (Queremos o poder do fogo, não bolhas.) Então, diga:

Lua, lua, no céu elevado
Abençoe esse sino para meu gato amado
Proteja-o do perigo e do sofrimento
Com a magia desse encantamento!

Em seguida, amarre o sino na coleira do gatinho.

Estátua Imantada para Proteção e Saúde do seu Gato

Na bruxaria, vez ou outra usamos um objeto para representar uma pessoa – por exemplo, quando montamos um boneco que simbolize um amigo necessitado de cura, e fazemos magia curativa no boneco e não na pessoa real. Esse trabalho artístico é uma variação dessa prática, exceto se você for usar uma estátua de gato ou uma de Bastet para simbolizar seu felino. (Se não por outro motivo, será um milhão de vezes mais fácil fazer a estátua ficar parada). Basicamente, lançaremos um feitiço de proteção e saúde na estátua, que passará a representar seu gatinho. Se você for habilidoso, pode fazer uma estátua de argila ou entalhar uma em madeira. Caso contrário, fique à vontade para comprar uma feita por outra pessoa.

Itens do feitiço: Uma estátua de gato ou de Bastet (não precisa ser grande), uma pedra de ágata ou jaspe vermelho, papel e caneta, um ramo de alecrim fresco ou um pouco dessa erva desidratada, lavanda fresca ou desidratada, sal, água e um incenso de sálvia em bastão. Você também vai precisar de uma vela branca em um porta-velas – se sua estátua for pequena, talvez seja bom usar uma vela também pequena, como *réchaud* ou palito.

Para imantar a estátua, escreva o nome do gato no papel e coloque-o sob ela. Ponha a vela na frente da estátua e acenda-a. Acenda o incenso e circule a estátua com a fumaça para simbolizar o afastamento de toda energia negativa do felino (você também pode fazer isso em si mesmo – qual o problema?). Polvilhe sal e espalhe água na estátua, depois, diga:

Bastet, faço essas oferendas em seu nome,
e peço-lhe que imante essa estátua para proteger meu gato.

Coloque a ágata ou o jaspe na frente da estátua, e diga:

Uma pedra mágica para proteção e saúde.

Esfregue o ramo de alecrim na estátua ou polvilhe-a com a erva desidratada, depois, faça o mesmo com a lavanda. Diga:

Ervas sagradas para proteção e saúde.

Beije a estátua e diga:

Todo meu amor e desejos do coração para saúde e proteção constantes ao meu gato.

Erga as mãos para o céu e diga:

Bastet, abençoe essa estátua e o gato que ela representa.

Sente-se por um instante e sinta a energia da estátua encantada, depois, coloque-a no altar ou em algum outro lugar seguro. Acenda a vela de vez em quando e visualize o gato rodeado de uma luz branca protetora.

Gatos são enigmas sem solução.

HAZEL NICHOLSON

Receitas

Certas pessoas fazem comida com regularidade para os gatos de casa, por conta de questões dietéticas ou por não gostarem de marcas prontas compradas em lojas, algumas delas cheias de ingredientes que não são necessariamente bons para felinos. (Meu favorito é o "subproduto de frango", que pode ser feito de praticamente tudo dessa ave.) A maioria de nós, entretanto, não se dá conta disso, e sai para comprar a melhor comida que pode encontrar e que caiba no bolso. Fazer comida caseira para gatos pode tomar tempo e energia, e é preciso prestar muita atenção ao equilíbrio nutricional em todas as refeições regulares, portanto, não é para todo mundo.

Mas isso não significa que você não possa preparar um petisco especial para seus felinos favoritos de vez em quando. Observe que todos os petiscos devem ser consumidos em uma semana. Lembre-se de que certos alimentos para seres humanos não são bons para gatos (como chocolate, cebola, bacon ou outras partes do porco, ou ossos), embora a Gata Magia me diga que um pedacinho de queijo aqui e ali não faça mal a ninguém.

Tiras de peixe

Misture ¾ de xícara de atum enlatado com baixo teor de sal, ou sem sal, ou purê de salmão com ¼ de xícara de água, 1 xícara de farinha de trigo integral, e uma colher de sopa de manteiga (não margarina). Retire um naco e enrole-o entre as mãos para fazer um pedaço fino e comprido, como um queijo em tubo ou um pretzel reto, e coloque as porções em uma assadeira não untada. Asse no forno a 300 graus durante 25 minutos ou até dourar de leve. Rende cerca de 24 porções. Guarde as sobras na geladeira.

Bolinhas de Queijo e Erva-dos-gatos

Bata 2 colheres de sopa de manteiga, 1 clara de ovo, ½ xícara de queijo suave ralado (como o prato), e ½ colher de chá de erva-dos-gatos. Quando estiverem bem misturados, adicione ½ xícara de farinha. Faça 12 bolinhas e asse em uma forma de biscoitos não untada por 35 minutos no forno a 250 graus. É um alimento substancial, portanto, dê apenas uma bolinha de cada vez e guarde o restante na geladeira, ou dê a outro amigo que goste de gatos.

Iscas de Carne

Misture 85 gramas de carne bem moída, 2 colheres de sopa de aveia e 1 ovo batido. Se quiser, você pode adicionar um pouco de erva-dos-gatos à mistura. Forme uma massa fina e achatada numa assadeira levemente untada e leve ao forno por 6 a 8 minutos a 350 graus, ou até dourar. Após esfriar, corte em pequenos pedaços. Ponha as sobras na geladeira em um recipiente bem fechado.

Petiscos Desidratados sem Grãos

Para gatos que fazem dieta livre de grãos, se você tiver um desidratador fica fácil fazer petiscos simples usando um único ingrediente – carne ou peixe (como salmão, mas não deixe de tirar a pele, pois ela é oleosa demais para secar bem). Vai levar de 7 a 10 horas, dependendo do tamanho das peças que você estiver usando, e depois é preciso colocar os petiscos na geladeira. Mas pelo menos você sabe o que tem dentro deles!

Cachorros comem. Gatos fazem refeições.

ANN TAYLOR

Recadinho da **Gata Magia**

Nós, gatos, não somos assim tão distantes de nossos ancestrais selvagens. É bom ter isso em mente ao nos dar petiscos. (Você sabe que também quer.) Coisas feitas de carne e peixe são gostosas, embora seja bom garantir que não haja nenhum osso ou espinha. Ao contrário desse monte de imagens de gatos tomando tigelas e mais tigelas de leite, não digerimos muito bem laticínios – mas isso não nos impede de roubar os seus se você deixar a tigela de cereal em lugares que podemos alcançar. Mas tudo bem dar um pedacinho de queijo ou uma quantidade pequena de iogurte, contanto que seu gatinho não tenha problemas digestivos. Fique longe de aditivos artificiais, porque aaaaaaargh. E, se não quiser se preocupar com fazer comida do zero, a maioria dos gatos já fica bem contente com petiscos de embalagens. Só que aqueles de que gostamos em uma semana provavelmente vai nos fazer torcer o nariz na próxima, mas isso é só para manter vocês alertas.

Book of Spells
herbal spells

CAPÍTULO 13

Canalizando seu Felino Interior

O ideal de calmaria reside em um gato sentado.

JULES RENARD

A maioria dos gateiros, ao menos em segredo – ou não –, gostaria de ser um gato. Quem é que não gostaria de perambular à luz da lua ou se enrolar sob o sol e cochilar? Se formos muito, mas muito bondosos, talvez na próxima vida voltemos como gatos mimados de bruxas amorosas, mas por ora seguem alguns feitiços para ajudar você a canalizar seu felino interior. Você pode pedir a seu auxiliar que empreste energia para isso, mas repare que nenhum desses feitiços precisa de nada além de foco e atenção.

Sonecas Felinas

Muitas pessoas – inclusive eu – não dormem o suficiente e muitas vezes não dormem bem, mesmo quando conseguem pegar no sono. Meu remédio para isso é tirar uma soneca breve na maioria dos dias. Só dura uns quarenta e cinco minutos, mas é o bastante para recuperar as energias e me permitir passar a noite escrevendo livros como este. Claro, uma das melhores coisas nas sonecas é que quase sempre tenho companhia ao tirá-las. Como qualquer gato sensível, os meus adoram uma sonequinha. A Magia geralmente se enrola ao lado da minha cabeça, e o Místico dorme aos meus pés. É uma fofura.

Portanto, aprenda com seu gato e tire uma soneca – ou, pelo menos, faça esse feitiço simples como ajuda para dormir melhor, quer você faça isso de madrugada ou no meio da tarde sob um belo feixe de luz solar.

Sonecas felinas, sonecas felinas, dormir e dormir
Ajudem-me a descansar profundamente
Como o gato que dorme à vontade
Torne minha noite calma e suave
Um sono reparador para corpo e mente
Para que todos os dias eu possa descontrair.

Independência

Uma das coisas que gateiros adoram em seus animais é a independência deles. Cães são muito mais propensos a rodear seus pés e implorar por atenção. Gatos, por outro lado, pedirão atenção se estiverem no clima para isso, e na maior parte do tempo vão ignorá-lo. É um misto de bênçãos, na verdade.

Não estou sugerindo que você ignore as pessoas na sua vida, mas os gatos dão, sim, um bom exemplo em sua habilidade de ficarem sós, orgulhosamente autossuficientes (até precisarem abrir uma lata, veja bem). Se você sente que gostaria de ser um pouco mais independente, tente dizer esse feitiço. Se seu gato estiver cooperativo, ele até pode pronunciá-lo com você.

Bastet, tão altiva e independente
Ajude-me a ser mais parecido
Com meu gato, sustentando-me em pés potentes
Permanecendo seguro, permanecendo decidido
Conceda-me o entusiasmo felino
E coragem para agir só
Duro e firme como um gatinho
Bondoso com os outros, bondoso a sós.

Lembrando-se de Brincar

A maioria de nós passa muito tempo trabalhando. Às vezes, é difícil lembrar que trabalhar é tão importante quanto reservar um tempo para brincar e se divertir – a menos que você tenha a sorte de ter um gato por perto para lembrá-lo disso.

Se você é dessas pessoas que está sempre trabalhando e quase nunca para a fim de fazer as coisas porque gosta delas, experimente esse feitiço para se lembrar de reservar um tempo para brincar.

Gato, meu gato, ajude-me a enxergar
Que trabalhar o dia todo não vai me equilibrar
Também é importante o ser humano relaxar
Então, você e eu, vamos brincar!

Ela Vê um Pássaro – e Dá Uma Risadinha

Emily Dickinson

Ela vê um Pássaro – e dá uma risadinha
Chega quase ao chão – a rastejar
Corre até sumirem as patinhas
Os olhos quase a Saltar
Sua mandíbula faminta se contorce, se mexe
Os dentes, quase não cerra
Ela salta, mas o pássaro desaparece
Ah, gatinha, da terra

As Esperanças amadurecendo, suculentas
Quase que você molha a goela
Eis que a bênção tem pernas, às centenas
E sai fugindo, com todas elas.

Book of Spells
herbal spells

Em Síntese

Escritores gostam de gatos porque eles são criaturas silenciosas, amorosas e sábias, e felinos gostam de escritores pelos mesmos motivos.

ROBERTSON DAVIES

Agora que você leu este livro de cabo a rabo (ou foi pulando para as partes que queria), sabe tudo que precisa saber para praticar magia com e para felinos.

Brincadeirinha.

A verdade é que nunca deixamos de aprender sobre nossos gatos ou com eles. Esse é um dos prazeres de dividir a vida com um companheiro de convicção felina – eles sempre têm algo a nos ensinar, seja sobre magia, gatos ou, mesmo, nossa condição humana. Claro, você precisa prestar atenção para aprender as lições, mas tenho certeza de que está fazendo isso. Do contrário, é provável que seu gato o ajudará a focar a mente com uma garra afiada ou uma mordidela amorosa.

Gatos são as criaturas mais mágicas de todas. Eles são lindos, inteligentes, sagazes, divertidos, acolhedores, amáveis e, oh, tão misteriosos! Se você alimentá-los e cuidar deles, a recompensa serão anos de companheirismo – claro, totalmente à maneira deles, mas não se esperaria outra coisa.

E, se você tiver muita sorte, pode acabar ganhando um gato excepcionalmente mágico, um auxiliar, para ajudar na sua vida de bruxa(o) e na vida comum também.

Contudo, auxiliar ou não, cada gato, e todos eles, traz sua própria magia especial à nossa vida – algo pelo qual sou extremamente grata.

Que você tenha sete vidas e compartilhe todas elas com seus maravilhosos amigos peludos.

Abençoados sejam,

Deborah (e Gata Magia)

Recado da Deborah

Livros são escritos muito antes do lançamento – muitas vezes, um ano ou um ano e meio antes. Quando escrevi este, a Gata Magia estava viva e passava bem, mandando em mim (e no irmão doente dela). Infelizmente, perdi o Místico e ela com um intervalo de oito dias entre um e outro no início deste ano – Magia, no dia 3 de janeiro de 2018, e Místico, no dia 12, um dia depois de completar 16 anos.

Não consigo expressar como meu coração está partido ou como sinto falta deles, especialmente da Gata Magia, Rainha do Universo, que era muito mais que apenas uma companheira. Ela foi a primeira (e, até agora, a única) auxiliar que já tive, e parte de tudo o que eu fazia. Sinto falta de ambos, mas há um buraco imenso no lugar antes ocupado por aquela gatinha preta.

Mesmo assim, sou grata por todos os dias dos quase dezesseis anos em que os tive. Eles foram um presente dos deuses, e, por mais difícil que tenha sido ver este livro ser lançado sem a Magia ao meu lado, eu me consolo pelo fato de que essas últimas migalhas de sabedoria são seu legado – um último livro sobre a magia felina da Gata Magia. É justo.

Gatos são mestres gentis, contanto que você se ponha no seu lugar.

PAUL GRAY

Leituras Recomendadas

Livros sobre Magia Felina

Conway, D. J. *The Mysterious, Magickal Cat*. Woodbury, MN: Llewellyn, 1998, 2018.

Dugan, Ellen. *The Enchanted Cat: Feline Fascinations, Spells & Magick*. Woodbury, MN: Llewellyn, 2006.

Dunwich, Gerina. *Your Magickal Cat: Feline Magick, Lore, and Worship*. Nova York: Citadel Press, 2000.

Nahmad, Claire. *Catspells: A Collection of Enchantments for You and Your Feline Companion*. Philadelphia, PA: Running Press, 1993.

Telesco, Patricia. *Cat Magic: Mews, Myths, and Mystery*. Rochester, VT: Destiny Books, 1999.

Weatherstone, Lunaea e Mickie Mueller. *Mystical Cats Tarot*. Woodbury, MN: Llewellyn, 2014.

Informações Gerais Úteis sobre Gatos

Eckstein, Warren e Fay Eckstein. *How to Get Your Cat to Do What You Want: A Loving Way to Teach Your Cat How to Sit, Take Walks, Stop Scratching the Furniture, and Be*

Your Best Friend. Nova York: Fawcett Books, 1990.
Fields-Babineau, Miriam. *Cat Training in 10 Minutes.* Neptune, NJ: TFH, 2003.
Frazier, Anitra com Norma Eckroate. *The Natural Cat: The Comprehensive Guide to Optimum Care.* Nova York: Plume, 2008.
Galaxy, Jackson e Kate Benjamin. *Catification: Designing a Happy and Stylish Home for Your Cat (and You!).* Nova York: Tarcher, 2014.
Johnson-Bennet, Pam. *Cat vs. Cat: Keeping Peace When You Have More Than One Cat.* Nova York: Penguin, 2004.
Taylor, David. *You & Your Cat: A Complete Guide to the Health, Care & Behavior of Cats.* Nova York: Alfred A Knopf, 1986.
Zucker, Martin. *The Veterinarian's Guide to Natural Remedies for Cats: Safe and Effective Alternative Treatments and Healing Techniques from the Nation's Top Holistic Veterinarians.* Nova York: Three Rivers Press, 1999.

Só para Diversão (Livros Bobinhos sobre Gatos)

Gethers, Peter e Norman Stiles (ilustrações de William Bramhall). *Historical Cat.* Nova York: Ballantine, 1996.
Laland, Stephanie. *51 Ways to Entertain Your Housecat While*

You're Out: Easy-to-Make Toys and Games Guaranteed to Keep Your Pet Busy and Happy. Nova York: Avon, 1984.

Lovka, Bob (ilustrações de Setsu Broderick). *The Splendid Little Book of All Things Cat*. Irvine, CA: Bowtie Press, 1998.

Marciuliano, Francesco. *I Could Pee on This and Other Poems by Cats*. São Francisco, CA: Chronicle Books, 2012.

Um Pouco de História

Engels, Donald. *Classical Cats: The Rise and Fall of the Sacred Cat*. Nova York: Routledge, 1999.

Geyer, Georgie Anne. *When Cats Reigned Like Kings: On the Trail of the Sacred Cats*. Kansas City, MO: Andrews McMeel, 2004.

Saunders, Nicholas J. *The Cult of the Cat*. Londres: Thames and Hudson, 1991.

Trumble, Kelly (ilustrações de Laszlo Kubinyi). *Cat Mummies*. Nova York: Clarion Books, 1965.

Como todos os donos de gatos sabem,
ninguém é dono de um gato.

ELLEN PERRY BERKELEY